拥抱叛逆期

罗可◎著

台海出版社

北京市版权局著作合同登记号：图字 01-2021-4725

Ⅰ中文简体字版 © 2022 年，由台海出版社出版。
Ⅱ本书由四块玉文创有限公司正式授权，经由凯琳国际版权代理，北京乐律文化有限公司与台海出版社出版中文简体字版本。非经书面同意，不得以任何形式任意重制、转载。

图书在版编目（CIP）数据

拥抱叛逆期 / 罗可著 . -- 北京：台海出版社，
2022.1
  ISBN 978-7-5168-3147-2

Ⅰ.① 拥… Ⅱ.① 罗… Ⅲ.① 儿童心理学 Ⅳ.
① B844.1

中国版本图书馆 CIP 数据核字（2021）第 238303 号

拥抱叛逆期

著　　者：罗　可

出 版 人：蔡　旭　　　　　　　　　封面设计：异一设计
责任编辑：魏　敏　高惠娟

出版发行：台海出版社
地　　址：北京市东城区景山东街 20 号　邮政编码：100009
电　　话：010-64041652（发行，邮购）
传　　真：010-84045799（总编室）
网　　址：www.taimeng.org.cn/thcbs/default.htm
E－m a i l：thcbs@126.com

经　　销：全国各地新华书店
印　　刷：三河市嘉科万达彩色印刷有限公司
本书如有破损、缺页、装订错误，请与本社联系调换

开　　本：880 毫米 × 1230 毫米　　　1/32
字　　数：190 千字　　　　　　　印　　张：10.75
版　　次：2022 年 1 月第 1 版　　　印　　次：2022 年 3 月第 1 次印刷
书　　号：ISBN 978-7-5168-3147-2

定　　价：49.80 元

陪伴是孩子最好的成长养分

从没想过自己会有出书的这一天。

去年七月份我收到了出书邀约，我既兴奋、惊讶又紧张，也担心自己完全没有写作经验，是否能写出好作品。出版社的编辑告诉我，他们很喜欢我在任教中的思考视角以及动人的故事，他们在我的文章中看见了我的"用心"，这给了我很大的信心，也让我决定接下这份挑战。

我曾经在课堂上做过一个调查，我问孩子们："当你们在生活中遇到困难时，你们会优先找谁讨论？"大多数的孩子会找朋友、同学以及网友，但就是不会找家长。"你们为什么不找家长讨论呢？""因为找他们只会被骂，

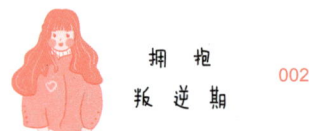

他们不会听，还会不耐烦地说小孩子烦恼这些有的没的干什么。"

　　然而，其实我也收到很多家长们的抱怨："为什么我的孩子不跟我说心事？我都无法跟孩子沟通。"

　　我希望这本书可以让更多人了解青少年在想什么？在乎什么？重视什么？在他们的生活中可能出现哪些问题？而身为主要照顾者的我们，如何陪伴孩子走过这一段青春岁月。

　　信任关系一直是我得以进入孩子内心世界的关键。除了"倾听"与"陪伴"等技巧外，我在这本书中也整理了许多实践经验，希望以故事与对话的方式呈现不同的策略与做法。

　　如果你问我，辅导是怎么一回事？我会跟你说，辅导就是"陪伴"。陪伴孩子面对生活中的困难，帮助他们解决问题、寻找生活目标，分享他们开心与不开心的事。我的大学教授曾经说过一句话："我们学辅导的，总是习惯等到对方有困难时才去陪伴，但其实那些生活中的快乐，也需要有人一起分享。"

　　我们都是孩子们生命中的重要他人。陪伴能支撑起辅导技巧、晤谈技术以及心理学相关知识，陪伴中有倾听、有同理、有理解，有接纳，长时间的陪伴能带来力量与改变，因为陪伴本身就充满爱与疗愈。

　　我是一位专任辅导教师，我很热爱这份工作，也很荣幸成为一位助人工作者。

罗可

目录

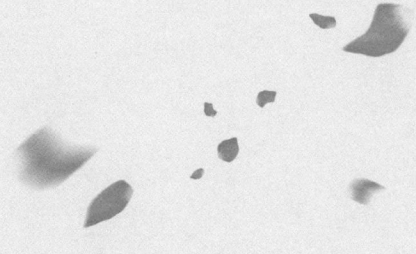

Chapter 07　那些辍学、拒学的孩子

他们只是需要陪伴，需要一个亮点

Chapter 08　一起走入孩子的心

真正理解孩子的想法与期待，让青春期的亲子时光更

美好

Chapter 01

学习路上的颠簸

找出最适合的学习方式，
成为谁也带不走的能力

学习从来就不是件轻松的事，

拥有学习的技巧，是孩子一生必备的能力。

父母虽不该放任，但每位孩子的气质与特色不同，适合的学习方式也各异，

试着放下身为家长的焦虑，

和老师紧密合作，凭借良好的亲师关系，

找出最适合孩子的学习途径，

那将成为孩子一生最棒的礼物！

写作业这个难题

别只看学习成果，
也要看见孩子的困境

写作业，是大部分学生最讨厌做的事，

但是在家长眼里，这是学生的本分，

加上受传统观念的影响，

学生不做作业对许多家长来说是无法接受的。

不过，更重要的是，家长必须静下心来理解孩子为什么不愿意

写作业。

"昌和不写作业，还一直请假，请辅导一下他好吗？"

班主任不悦地跑来辅导室，细数着昌和从开学到现在缺交的作业。已经有好几科的老师反映昌和不写作业这个问题，班主任也跟他说过很多次，但他依旧没有改进。孩子甚至每天头痛、想吐，开始请病假，但他去了医务室却检查不出什么病，仿佛就是为了逃避上课而请假。

让班主任宣泄完这些不满的情绪后，我邀请孩子来咨询室聊聊。"昌和你好，我是辅导室的老师，我发现你最近常常放学后在走廊上罚写作业，还好吗？是不是有什么困难？"我先表达了对昌和的关心，消除孩子因被叫到咨询室而产生的紧张感。

✳ 迟交与罚写作业的恶性循环

"写作业这件事情，你觉得最困难的地方是什么？"为了避免让孩子有被责备或被质疑的感觉，我利用疑问句，先厘清孩子不写作业的原因，是因为"不会写"还是因为"不想写"。同时我也利用了"5W1H"分析法来了解昌和写作业的习惯。

When——什么时间写作业？

Where——在哪里写作业？

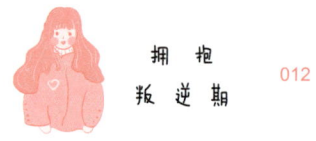
Why——为什么要写作业？

How——作业完成的方式是什么？

Who——作业是自己完成的，还是跟同学一起完成的？

What——平常的作业内容有哪些？是否还有补习班等布置的其他作业？

"我不会写，也不喜欢读书""上课听不懂，又要一直罚写""小学跟初中差别好大，每天都要上八节课"，昌和抱怨了初中生活，表明自己就是不喜欢读书、上课，老师和父母也拿他没辙。

为了让孩子认知到这会是个恶性循环，我带着他梳理了一下自己目前的学习状况。由于迟交作业，每天都要被班主任留下来罚写；迟交作业是因为不会写，也听不懂老师在说什么；上课无聊、想讲话，课业跟不上进度之后就更不喜欢读书；成绩变得更差，罚写变多，心情变得更不好，更不想读书；最后直接请假逃避，使恶性循环更加严重。

✳ 专任辅导老师这样做……

昌和很明显地在升上初中后不适应，原因包含上课时间变长、多了第八节课、学校课业难度提高，以及罚写变多等，但是在给予他解决方法之前，我想先跟他一起讨论心中的"想要"与"不想要"。

✳ 厘清"想要"与"不想要"

"我不想一直被罚写、被骂""我想放学后出去玩、跟同学去社团"……对于低成就又低动机的孩子，课业、作业、成绩对他们来说根本不重要，所以为了让孩子有想改变、想改善的动机，我们必须先找出孩子的需求与渴望。

每天放学留下来罚写以及下课补写作业，这让昌和感到压力很大，来学校变成了一种惩罚。加上昌和个性内向，又缺少下课时间与同学互动的机会，他与同学的关系渐渐变得疏离。他希望有一天可以不再被罚写，而是好好地跟大家一起玩乐。

昌和的"想要"还包含想赶快变成大人，像大人一样自由自在，不用上课，也不用读书。对于作业缺交太多次而被记的小过，他只希望不要再被禁足，这是昌和的"不想要"。昌和的"不想要"还包括辅导，他觉得来做辅导很无聊，必须一直坐着，于是我开始和他讨论来辅导的目的，讨论他要怎么做才能尽

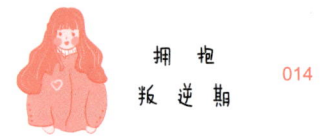
快结束辅导，也利用辅导来解决昌和的"想要"与"不想要"。

❋ 给孩子适性化的学习策略

"那我们要怎么做才能不再被罚写呢？"我将问题抛回给孩子。

当孩子有了想要改变或改善现状的动机后，我们就可以针对不同的学习困扰，给予不同的学习策略，从学习历程出发，检视孩子学习上的瓶颈与困境，找出适合孩子的个别化学习策略。

建立合适的读书环境。昌和在有音乐的时候，特别能专注地写作业，这是能让他专注的环境。有些人读书要在安静的空间，而有些人则喜欢到咖啡厅或人来人往的地方。每个人适合的读书环境都不一样，营造一个能让自己保持专注状态的环境是最重要的。

时间管理与规划。昌和放学后会花两个小时看电视，一个小时踢球，一个小时打游戏，在睡觉前最后一个小时才被催着写作业。我带着他检视每个时段所做的事，有将近四小时都是娱乐时间，于是我们决定先将某部分时间挪给写作业，以半小时为单位，再慢慢增加。另外，我也请昌和依重要性及紧急性，规划出优先要做的事情，"写作业"必须放在第一顺位，在老师发下作业后就可以直接询问同学，避免在最后时段才开始写。

养成良好的学习习惯。安排固定的时间，坐在固定的位置上学习。学习内容可先从简单、容易做得到的开始，再慢慢进阶到复习、预习与阅读，这样的习惯务必每天切实执行。

以弹性的方式循序渐进。如果一次就要孩子完成全部的作业，只会引起孩子更大的厌恶感与挫败感。所以我跟孩子协商今天回家先完成一项作业，从昌和的原始起点开始，在顺利完成一项后，再追加新的项目，提升他完成作业的成就感。

担任督促的陪伴者。当孩子无法自我监督时，就需要一位明确的"督促者"，这是一个陪伴的角色，而非"监督者"，应避免全程紧紧盯着孩子，要给孩子一个独立的空间，并让孩子知道当他有需要的时候，我们随时都在，协助孩子找出正确的答案。

善用同侪的力量。同侪教学是一个很有效果的学习策略，孩子们可以通过同学的说明与示范，学到更多知识。但很多孩子在询问同学的过程中，都会担心对方会觉得烦，想拒绝。建议在询问的时候，可以先观察同学的表情，评估一下对方是否有不耐烦的感觉，或是直接询问是否会打扰到对方，并与对方约一个彼此都方便的时间讨论。

亲师间的系统合作。学习辅导在系统上的合作也是相当重

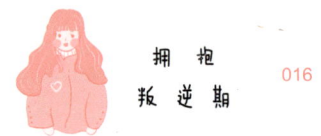

要的，找出昌和的学习困扰后，我也找了班主任与家长一起讨论，让学校及家长能同时协助昌和。班主任可针对昌和的能力，调整教学及评估方式，家长也可通过一些小奖励来增强昌和的学习动机，如：连续三天上第八节课，就能到喜欢的餐厅吃美食等。

肯定孩子的进步。在一次又一次的会谈中去肯定孩子的进步与改变，建立孩子在学习上的正向经验及信心。当昌和按时到校，也上了第八节课之后，我问他会不会觉得困难？没想到孩子的回应竟然是"其实还好"，孩子为自己证实了，自己做出的改变，其实没有那么难。

再次强调并证明好处。在进行了三次会谈后，昌和已经能愉悦地交出作业，也不再被罚写了，下课时间可以跟同学玩、去社团，孩子说："老师，原来完成作业之后的好处这么多啊。"

学习辅导一直是学校中常见的辅导之一，我一直相信每个人都会有想要变得更好的本能，所以在学习的道路上，没有孩子会故意让自己的课业落后，很多孩子会选择放弃学习，是因为有太多的习得无助感，学习情绪低落的背后一定有其原因。学习辅导的重点也不只是针对学校课业而已，如果我们能教孩子更多学习方法，找出自己的学习策略，就能使他们体验到学习的乐趣，也能使孩子在追求自我认同的阶段中，获得较高的自我价值感。

C∗ 给家长的陪伴叮咛

利用"5W1H"了解孩子写作业的习惯。When——什么时间写作业？Where——在哪里写作业？Why——为什么要写作业？How——作业完成的方式是什么？Who——作业是自己完成的，还是跟同学一起完成的？What——平常的作业内容有哪些？是否还有补习班等其他作业？清楚孩子写作业的习惯，厘清孩子不喜欢写作业的原因，才能对症下药，让孩子不再抗拒作业。

找出孩子的"想要"与"不想要"。面对低成就与低动机的孩子，为了使孩子有想改变、改善的动机，必须先找出孩子内心的需求与渴望，当孩子有了想要改变或改善现状的动机后，再针对有着不同学习困扰的孩子，给予不同的学习辅导介入。

适性化的学习策略。包含建立合适的读书环境、时间管理与规划、养成良好的学习习惯、以弹性的方式循序渐进、担任督促的陪伴者、善用同侪的力量、亲师间的系统合作、肯定孩子的进步、再次强调并证明好处。

孩子选择作弊的背后

务必让孩子明白，分数不会影响父母对他的爱

即便知道作弊是不对的，

孩子还是有可能选择这样的方式来获取成绩。

比起处罚或是责备，

家长和老师更重要的是去理解孩子这种行为背后的原因，

才能让孩子在学习的道路上，

不被成绩的高低左右价值观。

"艾薇，你还好吗？"

孩子惊讶地抬起头看着我，她原本以为被叫进辅导室也是被训斥、警告，没想到我的第一句话竟然是："我想你作弊一定是有很重要的原因吧？是不是有你很在乎的东西？所以你才会选择作弊？"她看着我温柔地说出这些话，神情慢慢从愤怒、震惊、自责转变为专注。

"学校消除处分的方法是，你必须要接受几个月的课堂观察，所以你必须先……然后……"我知道孩子才被政教处叫去写自述书记过，所以先向艾薇说明了消除处分的办法和步骤，她也很认真地听我的说明，整个人的状态也没有像一开始那样紧绷、防卫。

"那你愿意跟我说说看，是什么原因让你作弊吗？"我释放出善意，邀请孩子说出作弊的原因。

"嗯，我知道作弊是最笨的方法，但我不想让他们失望，我也不想去补习班。"

这是艾薇第一次作弊，孩子知道这是不对的行为，也感到非常后悔。因为父母在考试前不断给她施加压力，希望她可以拿到一个好分数，她自己也希望能考个好分数让父母感到骄傲，所以选择了作弊。

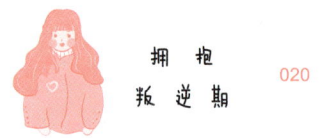

✳ **专任辅导老师这样做……**

"我爸妈知道后很生气，他们完全不想听我说话。"

艾薇的父母跟许多家长一样，在听到孩子作弊后第一时间也是感到非常愤怒和焦虑。但如果家长在第一时间一味地指责孩子或对其拳脚相向，反而会把孩子越推越远。如果使用羞辱的方式来让孩子吸取教训，也只会强化情绪上的反抗，使孩子变本加厉。所以聆听孩子作弊的理由很重要，这并不表示我们接受孩子用作弊的方式来获得不该有的分数，而是如果都不去听听孩子为什么作弊，那就更没有机会去跟孩子谈这件事了。

✳ **让孩子说说作弊的动机**

处理作弊行为，首先要面对的是孩子作弊的原因。我们可以先找一个能够让孩子卸下心防的环境，在介入处理时也必须考量孩子的自尊心与感受，试着了解孩子作弊行为背后所要传达的讯息，在孩子保持冷静的状态下，向孩子分析作弊可能会带来的后果与损失。

初中阶段的孩子其实都很清楚作弊是不对的行为，但为什么还是会选择作弊呢？这是否代表作弊所获得的东西已远远超过自己所要付出的代价及损失呢？那些东西又是什么呢？

✳ 赏罚不当都会影响孩子的判断

艾薇之所以会选择作弊是因为不想考不及格，不想让父母失望，以及不想补习。

许多家长在鼓励孩子时，会使用"你怎么会考出这种烂分数？丢一分打一下"等处罚制度，因此当孩子考不好时，比起自己的感受，更会先想到父母的感受，害怕父母生气，害怕被处罚，害怕被剥夺原本喜欢的事物。许多孩子选择作弊的原因都是因为恐惧。

孩子的恐惧可能来自家长、自己或其他人，父母除了使用处罚制度外，也经常使用奖励制度。例如，为了鼓励孩子，提前在考试前宣布取得好成绩的奖励品，"如果你考××分，我就送你一台平板电脑"。这样的奖励行为看似是在增强孩子的动机，但其实也会导致孩子"只重结果不重过程"。奖励制度不是不可行，只是奖励要合理，必须要把孩子的能力与目标一起考量进去，如果奖励品太过昂贵，超过作弊所要付出的代

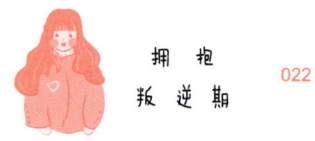

价，那么孩子就可能会选择作弊，奖励品反而成了孩子作弊行为的诱因。

✳ 用成绩来获得父母的爱

父母过度强调名次会让孩子出现虚荣心。尽管望子成龙、望女成凤是每位家长对孩子的期待，但如果太过在乎排名，可能会使孩子认为父母在乎成绩胜于在乎自己，只要成绩不够理想，自己就不值得被爱。当孩子能力不足又希望讨父母欢心时，就容易出现作弊行为。

家长要让孩子知道"努力的过程重于成果"，自己在乎的是孩子为了考试所付出的努力和用心，家长要直接点出孩子所做的努力并给予其肯定。例如，"我看到你为了这次考试用心准备，这个名次是你值得拥有的"，这会比"考第一名好厉害"来得更好。家长平时也可以多夸奖孩子其他通过努力所得来的成果，例如，"这道难题你花了好多时间搜寻资料，恭喜你顺利解决了"。让孩子知道尽力学习，过程和结果是一样可贵的，就算努力了达不到预期的成果，在过程中也一定会有所收获，不要将成绩视为人生的一切，也不要以成绩来定义自己。

✳ 陪伴孩子练习抵抗作弊的心理诱惑

家长究竟该如何教导孩子抵抗作弊的心理诱惑呢？依据不同的因素，协助孩子的方式也不尽相同，我们可以通过情境的带入来跟孩子讨论作弊一事，利用平日看到的电视新闻或电影情节，跟孩子聊聊哪些行为会构成作弊。例如："电竞选手开外挂，如果你是观众，看到职业选手作弊，会有什么感受？""如果你是其中一位比赛选手，会不会觉得不爽、不公平？"带孩子进入不同角色，换位思考，说出作弊行为的不当，促使孩子在相似的情境下回想作弊所产生的负面情感，防止作弊行为再次出现。

"电竞选手作弊被抓后，会被官方取消比赛资格，同时也会遭禁赛"，明确指出作弊所付出的代价，像是被禁赛、成绩不纳入考量、被原本支持的人唾弃等。说明作弊的危害性，让孩子知道作弊是一种自欺欺人的行为，通过作弊来掩盖自己的不足会使自己陷入恶性循环当中，我们会永远不知道自己的问题在哪里，导致作弊行为反复出现。

家长还可以利用平常的游戏活动来强化"努力大于成果"的价值观。观察孩子在竞赛游戏中，如：球类、桌游、电玩等游戏中能否诚实按照规则进行？能否克制自己的冲动、遵守游

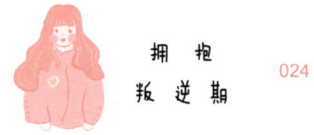
戏规则？能否诚实地面对输赢？协助孩子将注意力放到游戏过程的乐趣中，以降低孩子对输赢的过度在意。在教导孩子诚实的同时，父母也需要做一个好榜样，从日常生活中做起，不好大喜功，不投机取巧，不把功劳揽在自己身上，不利用说谎来获取微薄的利益。

✳ 找出适合孩子的学习风格

　　最后，我带着艾薇一起分析她考不好的原因，并帮助她找出适合她的学习方法。我们一起讨论了学英语的技巧，我帮助她改掉了狂抄、死背的学习方式，协助她找出自己的学习风格。她在视觉型的学习风格下较具优势，于是我们将文字描述转为图表，利用图表协助背诵英语单词、理解英语语法。在时间规划上，也重新调整了读书时间，由于之前艾薇上课以外的时间全部被补习班填满，这让孩子很有压力，时间不足以完成学校作业、准备学校每天的小考，使其渐渐对学习感到厌恶，缺乏学习动机。于是我跟艾薇依照科目的难易度排列优先顺序，让她有多余的时间才上补习班，在完成较容易达成的小任务后，才加深下一次的任务难度。

　　分数压力是造成艾薇作弊最主要的因素。当孩子成绩不理想时，父母千万不要讽刺或挖苦孩子，更需要强调诚实的重要性，同时也要检视自己是否太过在意孩子的成绩？是否时常否定孩子曾经的努力？身为父母，我们要让孩子们知道："分数不会影响我们对孩子的爱，人格的养成比成绩更为重要。"

☪ 给家长的陪伴叮咛

　　聆听孩子说明作弊的理由。"我想一定有很重要的原因吧？"如果家长只是一味地指责或拳脚相向，只会把孩子越推越远，使用羞辱的方式来让孩子吸取教训，也只会强化孩子在情绪上的反抗，聆听孩子作弊的理由，能让我们有机会了解孩子作弊行为背后所要传达的讯息。

　　奖励须考量孩子的能力与目标。父母使用处罚制度外，也经常使用奖励制度，奖励要合理，必须把孩子的能力与目标考量进去，如果奖励品太过昂贵，超过孩子作弊所要付出的代价，孩子可能就会选择作弊，奖励品反而成了作弊行为的诱因。

　　强调努力的过程重于结果。要让孩子知道"努力的过程重

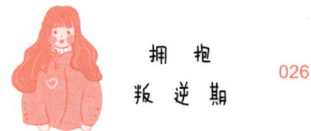

于结果"，家长在乎的是孩子为了考试付出的努力和用心，直接点出孩子的努力并给予肯定，例如，"我看到你为了这次考试用心准备，这个名次是你值得拥有的"，这会比"考第一名好厉害"来得更好。

别轻忽孩子的焦虑

一起学习面对与化解的方法

即使是只专心念书的学生，

面对课业压力也会有无法应对的时候。

当父母觉察到了孩子的焦虑，

别只当这是孩子的负面情绪而消极处理，

陪着孩子静下心来，

整理思绪，一起学习化解的方法，

更能让孩子终生受用。

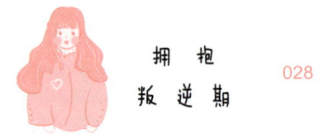
"老师，你有空吗？"

"我有好多事想跟你聊聊。"

"感觉有好多事情都做不完，该怎么办？"

到了初三升学时期，许多孩子面对每天大量的考试与课业，都感到非常焦虑。哲宏主动来辅导室找我约谈，希望能减轻一点自己升学与考试的焦虑。

"老师，我现在每天都很烦恼。"

"好，先不要急，我们一件事一件事慢慢说。"

"我有很多事情要说，根本不知道从哪里开始说起。"哲宏急促地说着。

"嗯，我可以感觉到有很多事情困扰着你，而且这些事情都同时发生，让你很烦躁。"

"对。"

"但哲宏你不用担心，我们有足够的时间，让你把全部的事情说完。"我沉稳地回应着。

哲宏来到咨询室时整个人非常紧绷，急促又颤抖地说着自己的烦恼。"哲宏，你有没有发现你说话的速度又急又快？"面对高度焦虑的他，我刻意以一种缓慢但沉稳的语气来回应，试着让他跟随着我的呼吸平静下来，舒缓紧绷的情绪。

✳ 陪孩子找出焦虑的核心

"先从今天最让你烦心的事开始说起吧。"我让孩子先聚焦于当下，从最有压力的事件开始说起。

"老师，我有很多很多烦恼的事，但目前最烦的事就是下星期的考试了。"

"嗯，目前最烦恼的是下星期的考试，那这次考试让你感到最焦虑的部分是什么呢？"

"我害怕自己无法考进班里前五名。"

"如果无法考进班里前五名，会带给你什么影响呢？"

"第一个影响就是会被我爸爸妈妈骂吧。"

"嗯，还有呢？"

"还有对自己感到失望吧。"

"嗯，你很在乎爸妈的反应，对自己也有目标与期待，假如这件事情真的发生了，你觉得你能面对它吗？"

"如果真的发生了……应该还是可以面对的吧。"哲宏想了一下。

"你会怎么面对它？"

"我一开始一定会很难过，但我会去找出这次考不好的原因，提醒自己，避免再犯，然后努力准备下一次考试。"

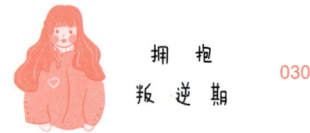
　　当哲宏说出面对的方法后，整个人松了一口气，焦虑感也
降低了许多，比一开始的时候更能思考更多问题，于是我继续
带着他寻找这次焦虑的核心。

　　"这次的考试，真正让你感到焦虑、没有信心的是哪一部
分呢？"

　　"数学吧，我都想整个放弃了。"

　　"数学的考试范围有哪些？"

　　"第五单元到第八单元。"

　　"那最让你感到困难的单元是？"

　　"最困难的应该是……第七跟第八吧。"

　　"目前距离考试还有几天时间可以准备呢？"

　　"三天多。"

　　"你觉得你可以如何安排这些时间？"

　　通过这样一来一往的对话，哲宏才发现原来自己还有将近
四天的时间可以准备考试，除了数学以外，其他科目他都很有
信心，只需要在时间的分配上给数学多一点的比例，面对没有
把握的单元多做练习，不会的题目询问老师和同学。在烦恼有
了明确的解决方法后，哲宏的脸上也终于出现了笑容。

❊　专任辅导老师这样做……

许多人在面对挑战或困难时，总是会先"觉得"好难，"觉得"好多，这些想法都是在意识不清不楚的状态下产生的，但只要我们把心静下来后，就能清楚思考解决方法与策略。可以利用问句来评估自己真正焦虑的是什么。例如，"我在焦虑、害怕什么？""如果真的发生了，最坏的结果会是什么？""这个结果我能承受吗？""其他人是否有相同经历？他们是怎么度过的？""真正的问题在哪里？""当下我能做些什么让自己感觉好一点？"

❊　其实大部分的担忧没有真的发生

"原来事情没有这么多啊！"过去哲宏总是焦虑很多事衍伸出来的其他问题，导致睡眠质量变差，感到胸闷、头晕，甚至心悸。

"老师，我跟你聊完之后，感觉比较能掌握了。"在会谈过程中，我请哲宏做了一个实验。当自己又陷入焦虑时，请先在脑海中想象一个大大的"X"，然后拿出一张纸和一支笔，

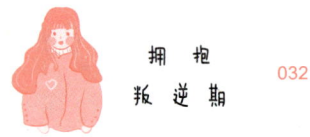
写下此时此刻脑中所想的一切。这时候我们会发现，其实真正写下来的不多，这是因为人们总是习惯"想"很多，容易受情绪影响而将这些烦恼渲染、扩大，使我们在主观上"感觉"事情很多，因而感到焦虑。

＊ 适度的压力是动力

焦虑是一个人在情绪上或心理上产生内在冲突，进而引发非理性的忧虑或恐惧感受，例如：遇到重大考试或重大抉择，我们会感到不舒服；遇到棘手的问题，我们会感到紧张不安。

每一种情绪都会有其正面的意义，焦虑也是。对哲宏来说，适当的紧张与焦虑代表着将考试视为一项重要的事。适度的压力可以让我们启动身体的各部位进入准备状态，解决眼前的困难与挑战，将注意力集中、让思考更敏捷、反应更快速。在一般难度的任务下，适当的压力反而可以成为动力，有助于我们发挥出最好的状态来完成任务。

但如果承受的压力过多，就会不小心"爆炸"，反过来导致注意力无法集中、判断力下降、情绪不稳定。长期下来更可能出现肌肉疼痛、头痛、胃痛、全身疲倦、失眠或呼吸不顺畅等症状，进而引发焦虑症、恐慌症或忧郁症等。高度的焦虑与压力也会破坏我们的生活，妨碍我们处理生活中的大小危机。

✳ 进行压力放松训练

在进行压力放松训练之前，我让哲宏先学习觉察自己的情绪，找出自己的"情绪抽屉"，并协助他倾听内心的声音，辨识内在的非理性信念，利用"觉察"和"转念"来转换他的负面认知，促使孩子做出新的行动。

通过每次的会谈，哲宏绘制出自己的"压力锅"，记录每天的压力事件与指数，了解压力带来的正面、负面影响，同时进行时间管理，让自己更有效率地调配时间。

压力放松部分，我带着哲宏练习"肌肉松弛法"，通过一系列的动作设计，渐进式地将身体每个部分的肌肉绷紧再放松，消除肌肉的紧张状态，平衡自律神经系统。当他能放松自己后，再协助他建立对考试的焦虑层次表，通过"系统减敏法"慢慢地降低他对考试的焦虑感。

"学校中能让你心情平静的三个地方是哪里？""想象自己在一个能感到放松的地方。"通过冥想法随时随地降低自己

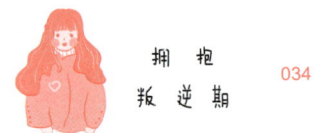

的焦虑情绪，利用宣泄法将心中的烦恼与压力写下来，再把这些纸张撕成碎片，呐喊发泄出来，最后借由"解压五官"建立自己的"情绪照顾清单"。

听觉：听自己喜欢、感到舒服的音乐。

视觉：到户外散步，看看自然风景，看好笑的影片，在书桌上放满疗愈的物件。

嗅觉：选择一款喜欢的精油，通过芳香帮助身体进入放松状态。

味觉：摄取营养，为自己带来好心情。

触觉：捏捏解压球，进行园艺创作以达到疗愈效果。

"如果最坏的结果我们都能承受住了，那还有什么好焦虑的呢？"我们总是担心太多，但大部分都没有真的发生。所以当你感到焦虑时请先冷静，找出自己真正的焦虑核心，针对具体的焦虑事件拟定解决策略，依据解决策略展开行动，让每天的焦虑与压力归零。

C ⋆ 给家长的陪伴叮咛

找出焦虑的真正核心。许多人在面对挑战或困难时，总是会先"觉得"好难、好多，这些想法都是在意识不清不楚的状态下产生的。我们可以问问自己："我在焦虑、害怕什么？""其他人是否有相同经历？他们是怎么度过的？""如果真的发生了，我能承受最坏的结果吗？"

写下此时此刻脑中所想的一切。焦虑时，请先在脑海中想象一个大大的"X"，然后拿出一张纸、一支笔，写下此时此刻脑中所想的一切。这时我们会发现其实真正能写下来的很少，这是因为我们在主观上总是容易"感觉"事情很多。

借由"解压五官"建立"情绪照顾清单"。平时可建立起自己的情绪照顾活动，在需要的时候随时应用，清单可参考"解压五官"。听觉：听自己喜欢、能感到舒服的音乐；视觉：到户外散散步，看看自然风景，看好笑的影片；嗅觉：通过不同的芳香帮助身体放松；味觉：为自己摄取营养；触觉：捏捏解压球，进行园艺创作等。

可以不吃治疗多动症的药吗？

多动的孩子，需要的不只是药物

让多动的孩子适应团体生活，

需要学校、家庭与医院三方并行，

与学校紧密联系，有良好的亲师关系，

加上班级经营，孩子也能在学校生活中获得成就感，

拥有良好的人际关系。

"我已经告诫他很多次了。"

"跟他谈根本没用。"

"为什么不去吃药呢？"

班主任拿着威丞开学以来满满的记过单，包括跟同学起冲突、打架、任意碰触他人、在走廊上奔跑、吵闹以及上课发出不雅声音等行为。每次找威丞沟通时，孩子只会否认、抱怨或顶嘴，即使请政教处依校规惩处也没用。尽管孩子嘴上说可以控制这些行为，但根本无用。

威丞在小学的时候就被确诊为注意缺陷与多动障碍，俗称多动症，一开始吃药，上初中后没有再吃，因为药物的副作用让他感到不舒服，加上同学的取笑，让他更加排斥服药。针对药物的作用，孩子自己也不清楚，只知道吃药会让自己变得比较安静。

多动症是一种常见的儿童行为异常疾病，可分为"注意力不足型""多动型或冲动型"以及"混合型"。多动症的临床诊断必须符合许多标准，需要通过会谈搜集孩子的病史、发展史以及家庭功能状态等资料，才能进行功能评估及其他检查，并非所有冲动或不专心的孩子就是多动症。

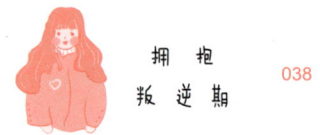
＊ 多动症需不需要服药？

目前在多动症药物治疗上使用的主要药物有短效型的哌醋甲酯、长效型的利长林、专注达以及托莫西汀，医生会依个别需求开药，常见的药物副作用有失眠、头痛等症状。

多动症到底要不要吃药？其实各有各的说法，但不论是哪一派，协助多动孩子绝对不是只靠单一治疗法就能成功的。多动症的治疗通常需要家庭、学校与医院三轨并行，并且以药物治疗搭配非药物的治疗。

照顾患有多动症的孩子不容易，要让孩子服药更不容易。在某次个案研讨会中，威丞妈妈很无力地抱怨："我一个当妈妈的，光是要让公婆接受威丞看医生就已经很困难了。"爷爷和奶奶不能谅解孩子要吃药，他们认为小孩子打打闹闹很正常，担心孩子会被街坊邻居闲言闲语。面对爷爷和奶奶的指责，同时又要面对来自学校的电话，妈妈感到压力很大，"我也是每天跟威丞说不能跟同学打架，不要干扰老师上课，我还能怎么办？"

✳ 专任辅导老师这样做……

改善孩子多动的症状必须学校、家庭与医院三方互相配合。药物能减轻孩子的冲动行为，但同时必须搭配个人或团体的非药物治疗，如：认知疗法、行为改变、社交技巧、放松练习、艺术治疗、游戏治疗、情绪管理、神经生理回馈治疗等。建立良好的亲师合作关系，以生理、心理及认知多方修正孩子的暴力行为，提升孩子自尊心、成就感，改善人际关系。所以面对多动的孩子，我会更直接明确地呈现出辅导目标。

✳ 人不是问题，问题才是问题

"是什么原因让你一直被记过？"

"跟同学玩、爱讲话。"

"如果一直被记过会发生什么事？"

"被妈妈骂。"

"你喜欢这样的生活吗？"

"我喜欢玩，但不喜欢被骂。"

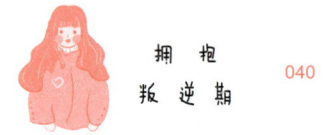

"玩乐跟被骂这两者可以分开吗？要怎么做？"

"可以吧，不要玩得太过。"

"那除了跟同学玩肢体碰撞游戏外，你觉得还有没有其他休闲活动可以和同学玩呢？"

我协助威丞觉察问题行为带来的影响，总结出"跟同学玩——发生冲突——被记过——被妈妈骂"的模式，引导孩子将问题分化，带着他找出肢体碰撞以外的替代性游戏。例如：球类运动、益智类游戏、魔术方块、跳绳等其他动态活动。然后还原他每次引起的冲突事件，带着他讨论消除愤怒情绪的方法，再让孩子练习这些方法以牢记在心，同时我也与孩子一起讨论上课吵闹的原因及解决方法。

"是什么原因让你动手打人？"

"我也不知道为什么，可能是因为生气吧。"

"上课想讲话的原因是什么？"

"因为上课无聊、听不懂，又想跟同学聊天。"

"当你想讲话又坐不住时，怎么办？"

"抄笔记、放空吧。"

"有没有某个时候，是你也可以安静下来的呢？"

讨论出这些方法后，我也将这些方法转达给威丞的班主任，让班主任可以在班级中协助威丞，在他表现不错时给予肯定。班主任也可以设计一套加分制度，让孩子累计分数，让他看到自己的成长与进步。

　　接着在几次的会谈中，我将辅导目标转移到情绪管理，协助威丞觉察自己除了生气以外的正面情绪，并强化这些正面情绪与事件。

　　"什么时候你会为自己感到骄傲呢？"

　　"没有被记过的时候。"

　　"嗯，最近的记过变少了，你是怎么办到的？"

　　"有吗？"威丞腼腆地笑着。

　　"想想最近的自己跟以前有什么不一样呢？"

　　"我下课会去找朋友聊天。"

　　"你跟朋友都聊些什么呢？"

　　我让威丞看到自己除了打架闹事，也能用其他方式与人相处，这样的活动既不会无聊也不会被惩罚，是个良好循环。

✳ 原来孩子也可以做到

　　为了让威丞离开咨询室后，也能静下心来觉察自己的每个当下，所以除了认知行为治疗外，我也在会谈中加入了游戏治

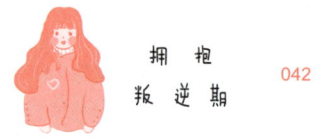
疗。我利用他喜欢玩的心态，选择了一款桌游《超级犀牛》，这款桌游需要玩家要有很大的耐心和专注力。在玩游戏的过程中，虽然孩子一开始有点急躁，但为了获胜，威丞很快就把心定下来了。

"哇，你盖房子也太稳了吧。"

"我发现你在这过程中是有策略的，先把类似的卡片挑出来，把较难的卡片再反方向堆叠上去，这需要很好的耐心和数学逻辑思考能力呢。"

将威丞玩桌游时的良好表现传达给班主任后，我乘胜追击，邀请威丞到我的班级挑战职业分享的任务。

"哎呀，老师，我不行啊，我什么都不会。"

"我可以从零开始教你啊，我们一起试试看。"

威丞从来没有这样的体验，在我不断地鼓励下，尽管他不喜欢看书，但还是很努力翻开《工作大未来》查询资料，认真地看待这项任务。

"很开心看到你今天靠自己完成了这个任务，很不容易！"

"嗯，之前大家都不相信我。"

"但是现在你做到了，其实你可以的，应该让大家看到你的能力。"

　　报告当天很顺利，威丞也收到了学弟学妹的小感谢卡。我将这些成果回馈给班主任，让班主任在班上表扬孩子，改变同学对他的负面印象，这样也能增进孩子与班主任之间的关系，强化班主任与家长的正向联结。

✳ 直接、明确、简要、一致的指令

　　面对多动症孩子，有效的班级经营很重要，有些班主任会将这类孩子安排在最后一排或第一排坐。但要注意的是，座位的安排必须是老师可以随时掌控的地方，要避免让孩子坐在容易受干扰的座位。针对孩子的行为规范也要以直接、明确、简要且一致的指令呈现，告知孩子正确的做法。例如：以"举手后发言"取代"不要插话""饭前洗手、饭后刷牙"取代"养成良好的卫生习惯"。

　　通过让孩子当班级干部增加孩子的成就感，在班级中回馈孩子表现不错的地方，当孩子有好表现时，可以询问孩子是怎么办到的？进一步让孩子复制好的行为与态度。老师也可以在课堂中让孩子担任小助手，协助发作业或擦黑板等任务，减缓孩子坐不住的焦虑。在班级中设置一个小角落放置抱枕或玩

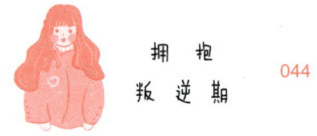
偶，给孩子提供一个纾缓情绪的空间。

家庭和学校是孩子主要的生活空间，家长和班主任面对多动症的孩子容易产生很大的压力，必须彼此合作。因为彼此都是对方重要的支持者，所以良好的亲师关系绝对会比单打独斗来得有力量、有效能。

C⋆ 给家长的陪伴叮咛

多动症的治疗需要家庭、学校及医院三轨并行。治疗多动孩子需要学校、家庭与医院三方互相配合，药物治疗搭配个人或团体的非药物治疗。例如：认知疗法、行为改变、社交技巧、放松练习、艺术治疗、游戏治疗、情绪管理、神经生理回馈治疗等。

人不是问题，问题本身才是问题。协助孩子觉察问题行为所带来的影响，总结出问题行为模式，利用问句引导孩子与问题分化。找出肢体碰撞以外的替代性游戏，并还原每次的冲突事件，讨论处理不良情绪的方法，让孩子知道自己也能够处理这些"困扰着自己的问题"。

直接、明确、简要且一致的指令。针对多动症孩子的行为规范，要以直接、明确、简要且一致的指令呈现，告知孩子正确的做法。例如：以"举手后发言"取代"不要插话""饭前洗手、饭后刷牙"取代"养成良好的卫生习惯"，让孩子能够很清楚地了解指令、接收指令。

Chapter 02

叛逆期的偏差行为

探究问题背后的问题，
才能真正帮助孩子

青少年的偏差行为，往往让家长头痛，

在各种不理解、生气与争吵下，

亲子之间的距离越来越远。

在学校里，也许孩子会因自己都不清楚的渴求，

而下意识地改变自己的行为，

往往得到的只是训斥。

其实孩子们需要的只是更多的关注而已，

相信孩子，你便能走进他们的心。

吸烟有这么严重吗？

找出背后原因，比禁止或责罚更重要

听闻或见到孩子吸烟，

大多数父母第一反应就是斥责，

但是这样往往只会加深亲子间的裂痕，

问题也无法解决。

孩子会吸烟，受许多因素影响，

需要一一探究，找出原因，再协助孩子戒除烟瘾。

"小孩子抽什么烟？"

"你好好想想，这样下去对吗？"

"你知道你现在应该好好读书吗？"

妈妈意外发现胜益放学后在校外抽烟，原本想冲上前大骂，但因为一旁还有他的朋友们，只好忍了下来，决定回到家再好好跟孩子谈这件事。

"只是刚好朋友在抽，一起抽一下而已啦，有什么好大惊小怪的？"面对胜益一副不在乎的样子，妈妈心中的怒火更难以消灭。"什么叫作抽一下而已？""你再给我抽试试看！"妈妈不客气地警告，再犯就永久没收手机与零用钱。

母子两人陷入了冷战，妈妈心中还是希望可以跟孩子好好"理性沟通"，但只要一跟胜益对话，又会忍不住想指责。我请妈妈回想跟孩子的对话，发现她第一句表达了关心和担心后，第二句和第三句就又回到碎碎念与教训的状态，之后孩子就不再愿意开口谈。

✳　用平静的心找出原因

家长发现孩子抽烟时该怎么办？以斥责或体罚来惩罚孩子

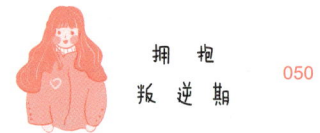

多半是不奏效的，可能会使孩子更加迷恋香烟，所以在跟孩子谈话前，家长必须先假设孩子"一定有他的理由"，以一颗平静的心去跟他谈话。

"因为大家都在抽，不抽会被看不起""朋友都给了，抽上一两支给个面子啊"。青少年吸烟的原因有很多，在我的实际工作经验中，大致可将青少年吸烟的因素分为四大类。

第一为个人因素。面对青春期成长带来的各种压力，孩子为了疏解这些负面情绪，可能会选择香烟来暂时忘却烦恼、麻痹自己，获得短暂的情绪宣泄，孩子将吸烟作为应对压力的调适方法，吸烟可以带来放松感。孩子也可能为了引起关注，想与众不同而利用抽烟来让自己看上去很"帅"、很"酷"，成为众人的焦点。

第二为家庭因素。孩子的主要生活空间为家庭和学校，从小看着家里的长辈吸烟，当然就会认为吸烟是件很正常的事，甚至有些家庭还会不避讳地拿烟给孩子，加重孩子的烟瘾问题。当家庭功能较为薄弱且缺乏正面联结时，孩子吸烟的概率也会提高。另外，过多的零用钱，也会提高吸烟的概率。

第三为学校因素。同学关系是青少年非常在乎的关系，特别是同学间的认同与归属，为了得到团体归属感，孩子可能会抽"应酬烟"，拥有较多复杂的校外朋友，也可能会有较高的吸烟概率。根据调查显示，初中学生吸烟的最主要来源为校外人士，其次为吸烟的同学。这几年初高中学生电子烟吸食率逐年攀升，电子烟是在烟中添加不同口味，掩盖烟草辛辣的刺激味，更容易吸引年轻族群。

第四为社会因素。社会大众与媒体传播的影响力极高，加上烟草公司的行销、包装，诱使青少年吸食香烟，孩子可能会出于好奇心，想知道抽烟是什么感觉，开始吸食第一支烟。有些孩子则将吸烟视为大人的象征，以满足心理上欲成熟的需求，或是因为崇拜某位偶像、人物而错将吸烟行为内化，相信抽烟可以减肥等不实谣言。

＊ 专任辅导老师这样做……

"什么时候开始的？""一天要抽几支烟？"了解孩子抽烟的因素后，我评估胜益的烟瘾状况，曾经一天可以抽掉一包烟，约二十根，烟瘾相当严重。"你怎么看待自己抽烟这件事呢？"他笑笑说自己没有上瘾，抽烟根本也没什么大不了的，都是跟朋友在一起的时候才会抽，如果真的要说上瘾，爸爸的烟瘾才严重，随时都要抽好几包。

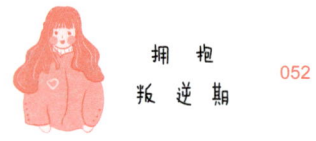
"那你觉得妈妈怎么看待你抽烟这件事呢？"

"我知道她不喜欢。"胜益皱了一下眉头。

"嗯。"

"我也想过要改，但很难。"

其实胜益非常在乎妈妈的感受，也曾经想过戒烟，于是我给了孩子一个肯定的眼神，询问他之前戒烟的过程。"我当然想过要戒烟，但不知道怎么做，可能意志力也不够强吧。"对胜益来说，除了好奇与应酬外，抽烟也是他纾解压力的主要方式。

✳ 找出吸烟背后的因素

纠正孩子吸烟的不良行为，必须针对吸烟的不同因素对症下药，依据胜益的话，面对压力时缺乏其他正面的纾解压力的方法，这是阻碍他戒烟的原因之一，于是我带着他一起思考：除了吸烟，还有哪些方式可以纾解压力。"你生活中有哪些压力？""这些压力的来源是什么？""除了抽烟，有没有什么时候也会让你感觉放松点？"

胜益学习不好，没有什么特殊才能，唯一让他感到骄傲的就是跑步，后来他接触了阵头^①，在阵头中担任鼓手。阵头文化的向心力让他充满归属感。"我觉得当鼓手不是坏事呀。"孩子认真地向我澄清大众对阵头文化的误解，我没有做任何评论，只是提出了几个问题让孩子思考："当鼓手会不会影响到校时间？""在交友上如何避开危险？""万一不小心吸到毒品怎么办？"

　　从胜益的回应中我发现，他非常需要团体归属感。他花了很多时间和心力到阵头中寻求认同与自己的定位，这也反映出孩子在家庭中与家人的关系比较疏离。接着我们一起思考了戒烟有哪些优缺点，戒烟的优点刚好都可以获取他心中所希望的，不被记过、呼吸顺畅、跑步能力进步、被更多人喜爱、不让妈妈担心等。最后，我肯定了他"想改善"的心，因为这是一件不容易的事，我也邀请孩子一起思考戒烟会有哪些困难及如何克服。一起制订出适合他的戒烟计划，并从旁担任督促的角色。

---

①阵头：阵头是闽南民俗技艺，是闽南地区及台湾地区民间庙会及婚丧喜庆活动中不可或缺的民俗曲艺之一。台湾地区的阵头分为文阵和武阵。

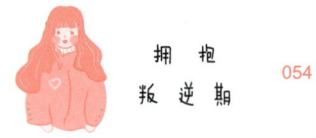
✳ 建立深度的吸烟危害的认知

在这个资讯发达的时代，孩子们都知道吸烟有害身心健康，但当我们更深入、更具体地询问孩子抽烟是如何危害身心的，孩子都不太清楚。抽烟会造成气喘、支气管炎等呼吸道疾病，尼古丁也会影响青少年的大脑发展结构，使认知能力降低，在容貌上容易造成嘴唇或鼻尖变黑、皮肤暗沉，这是青少年最在乎的地方。根据研究显示，香烟是青少年物质滥用的"入门毒品"，许多青少年抽一至两支烟就会上瘾，尽管青少年都认为自己可以控制烟瘾，但他们往往比成人更容易对烟产生依赖，一旦开始吸烟，日后也会有较高的沉迷酒精及毒品的概率。

当他们认识到吸烟对身心的危害后，我们要让孩子"相信自己可以戒烟"，提高孩子的自我效能感，在家庭方面多营造轻松、活跃的氛围，陪孩子参加有意义的活动以提升其成就感，培养多元的兴趣，让孩子探索自己，强化自我价值并获得更高的自控力与信心。

＊　坚定表明拒烟态度

态度可以影响一个人的行为，不论是身边人的态度还是孩子本身的态度，父母反对吸烟也能促使青少年拒绝香烟，因此除了同学的影响外，父母也是影响孩子吸烟的关键。有高达四成的初中生第一次尝试吸烟是在家里，所以父母必须以身作则，建立一个无烟家庭，明确表明拒烟的态度，并留意孩子的零用钱花费去处，多管齐下协助孩子成功戒烟。

C＊　给家长的陪伴叮咛

青少年吸烟的原因包含个人、家庭、学校及社会因素。孩子容易将吸烟当作纾解压力的方法，当家庭功能较为薄弱且缺乏正面联结时，孩子吸烟的概率也会提高。有些孩子可能会为了得到团体归属感抽"应酬烟"，或是因崇拜某位偶像而错将吸烟行为内化。

增强孩子纾解压力的能力及社交能力。带孩子思考除了吸烟外，还有哪些方法可以纾解压力。营造轻松、活跃的家庭氛围，陪伴孩子参加有意义的活动以提升其成就感，借由这些活

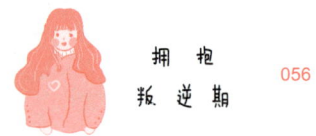
动协助孩子学习人际社交技巧，当孩子在家庭中的归属感得到满足后，在同学关系中也较能与他人建立良好的关系。

提高吸烟危害的认知并明确表明拒烟态度。抽烟除了伤害身体、大脑与认知外，在容貌上容易造成嘴唇或鼻尖变黑、皮肤暗沉，这是青少年最在乎的地方。青少年一旦开始吸烟，日后也会有较高的沉迷酒精及毒品的概率，父母须明确表明拒烟态度，并打造无烟家庭。

暴力是不被允许的

带着孩子一起寻找其他的解决方法

要解决暴力问题，

除了要深究行为背后的原因，

还得让孩子明白拳脚相向最终并不能达到目的，

还会付出许多代价，

当孩子确定暴力是无效行为后，

孩子的改变就会发生。

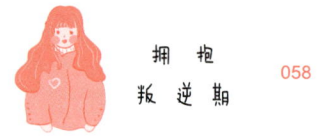
"每次都是他先挑事的。"

"当然要打到让他怕啊。"

"这样他才不会继续打扰我。"

永诚理直气壮地吼着，觉得自己才是真正的受害者，不能接受为什么是自己被送到政教处，还要来辅导室。班主任对此很不理解，觉得他都在为自己找借口，永远都觉得是别人的错，从不认为自己的暴力行为也有错。

"我有跟他好好谈话，软硬兼施都没用，每次都说会改，结果还不是一样。"班主任列出了永诚开学至今的打架记录，一共有五页，跟家长沟通后，家长都说会好好教育孩子，但永诚的暴力行为依旧没有减少。

✳ 只是想保护自己

"为什么是我来做辅导？"永诚认为自己根本不需要辅导，那些挑事又嘴碎的同学才需要辅导。

"我觉得我脾气算不错了，对他们也已经很容忍了，每次都是他们故意挑事，让我不爽，明明是他们先开始的，为什么是我的错？"

　　"你觉得很委屈？"

　　"对。"

　　"那你都听见他们说你什么了？"

　　"我没听到，但我知道他们就是在讲我。"

　　"喔？是什么原因让你可以这么肯定？"

　　"因为他们之前就很爱说我。"

　　我先站在永诚的角度去同理他的感受，得知孩子之所以会这么认为，是因为同学过去都会开他的玩笑，所以现在只要同学聚在一起，他就会认为同学一定又是在取笑自己，然后便会失控地拿东西往同学身上砸，甚至直接冲过去把同学压在地上打。

　　"只要让他们怕我，他们就不会再来惹我了。"

　　"你都用什么方式让他们怕你呢？"

　　"打架啊。"

　　"为什么要让他们怕你？"

　　"这样才不会被欺负啊。"

　　"老师发现你很在乎不被欺负这件事，是因为以前有类似的经历吗？"

　　"对，如果要保护自己，就要很会打架。"

　　"嗯，不过你都用暴力的方式来保护自己，会不会一不小

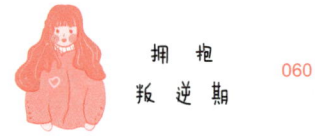

心变成是你在欺负其他同学呢？"

"有时候确实会不小心太过头。"永诚停顿了一下。

"你能发现自己曾经不小心太过头，这很不容易，如果不使用暴力，还有什么其他方法可以保护自己呢？"

"不知道。"

✳ 专任辅导老师这样做……

我肯定了永诚想保护自己的心，但同时我也点出了这样的保护可能会变成另一种欺负。通过孩子的描述可以发现，他的攻击行为包含了防卫性、敌意性和工具性攻击。同学的言语挑衅让他感到被威胁，为了让自己不再受到言语骚扰，他会做出暴力的防卫性反应，进而对某些特定同学产生敌意，只要同学有一个举动让自己不舒服，他就会通过暴力的方式来伤害对方，同时获得被尊敬的地位。

✳ 证明无效，改变才会发生

"你觉得打架这个方法有效吗？"

"有啊，因为有时候他们不敢再挑事了。"

"有时候？所以这代表有时候他们还是会继续挑事了？"

"对。"

"那你会怎么做？"

"继续打啊。"

"如果我们把每次的记过单拿出来分析，会发现打架并不是一个好方法，因为同学并没有减少继续挑事的习惯，所以一定还有其他更有效的方法。"

"有吗？"

"如果找大人来处理呢？"

"班主任都不会处理，顶多只是找他们谈话而已。政教处也只会认为是我的错，一直偏袒。"

"会不会是因为大家刚好看到的，都是你打同学的画面？但是打人就是不对，尽管你只是想保护自己。"

取代已被证明无效的行为，改变才会发生。永诚只会使用暴力来解决问题，所以我通过一来一往的对话让孩子发现，暴力是无法达到保护自己这个目的的，反而还会使自己被记过，

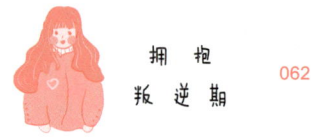

一不小心就引发更大的纠纷。

＊ 运用苏格拉底式对话

尽管我的目的也是想要告诉永诚"暴力行为是不对的"，但我不认同暴力行为，并不表示我无法同理孩子的情绪，所以在会谈中我会告诉孩子："虽然你是打人的那一方，但我也很重视你的想法与感受。"

面对青春期的孩子，如果直接以命令的方式教训孩子，孩子只会更加敌视我们，不愿意和我们对话，我们与孩子之间的距离也会越来越远。

如果采用温和的方式来跟孩子们"说道理"，可能也会使某些孩子感到厌烦，用敷衍的态度随便打发我们。

苏格拉底非教导式的"对谈"，是不与孩子争论其主观上的诠释，在了解孩子的观点后，通过一层又一层的对话与反问，引导孩子评估自己的想法，厘清看法中的不足与矛盾，借以修正本身的认知与价值观。"打架为你带来什么好处和坏处？""打架对自己及其他人会不会造成影响？""除了打架，有没有其他方法也可以达到这个目的？"引导孩子拥有更多元的思考模式。

✳ 角色扮演练习

"当他们又说了你不喜欢听的话时，我们可以怎么做？"

我带着孩子进行角色扮演的练习，第一阶段先由永诚扮演自己，我扮演那些同学，第二阶段则由永诚扮演那些同学，我扮演永诚，我们试着去揣摩不同角色的情绪与感受，再针对这些情绪做讨论，拟定应对策略。"角色扮演"是在个别辅导、团体辅导以及教学中很常见的技术，通过扮演不同的角色去体验不同的生活感受，增加对角色的认识与学习，以提升解决问题的能力。

除了通过对话来进行认知的修正外，永诚的暴力行为成因也包含了低挫折忍受力。他总是认为别人对自己有敌意，这样的诠释会使他有被威胁的感受。面对那些爱故意挑事的同学，我们可以先审视他的那些话语是否有其真实性？是否有针对性？对方的目的是什么？为什么我会这么生气？我要不要接收这些话语？要不要让这些话伤害自己？当愤怒与冲动的情绪出现时，可以先在心中倒数十秒钟，不让他人的刻意挑衅激起我

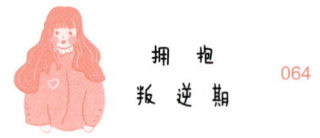

们的攻击行为，用适当的方式表达自己的不舒服，并寻求相关协助。

＊ 多管齐下的合作

"如果班主任有效介入处理，你希望他如何处理呢？"

"只要能让他们不再招惹我，我也不会主动招惹他们。"

"嗯，如果下次又跟同学不小心起了冲突，我们先试试看不要动手，去请班主任或政教处介入处理好吗？"

当孩子遇到问题时，学校的老师必须能够及时地提供协助，让孩子拥有正向的处理经历并减少孩子的暴力行为。班主任在教学中也可以纳入防止暴力议题，与孩子讨论暴力行为的成因，以及如何防止暴力行为，提升孩子的同理心与情绪管理能力。

为了防止孩子习惯以暴力作为解决问题的方法，在家庭教育上，我们应给予孩子一个充满爱与温暖的环境，避免孩子通过观察模仿攻击行为。如果家庭内部成员经常出现纷争，互相猜测，孩子也会间接习得敌对的模式。

增加亲子之间的亲密度，采用民主式的管理，避免过度严格与过度放任，随时掌握孩子的日常生活状态，在孩子有困扰的时候及时教给他们正确的解决方法，给予正确示范，减少孩子接触具有暴力内容的大众媒体传播。

青春期的孩子们因为缺乏正确的解决问题的能力，遇到冲突时，无法及时思考其行为所带来的后果与影响，特别需要大人们在旁给予正确的引导，借由家庭、学校及整个社会互相合作，让孩子在无暴力的环境下健康成长。

C* 给家长的陪伴叮咛

证明无效，改变才会发生。取代已被证明无效的行为，改变才会发生，通过对话让孩子发现暴力是无法达到保护自己的目的的，反而还会使自己被记过处分，一不小心就会引发更大的纠纷。当孩子发现并认同原本的方法无效时，我们就更有机会带着孩子改变。

苏格拉底式对话。苏格拉底非教导式的"对谈"，是不与孩子争论其主观上的诠释，在了解孩子的观点后，通过对话与反问引导孩子评估自己的想法，厘清看法中的不足与矛盾，借以修正本身的认知与价值观。

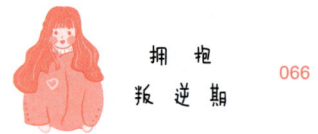

角色扮演练习。"当他们又说了一些你不喜欢听的话时，我们可以怎么做？"让孩子扮演不同的角色，揣摩各个角色的情绪与感受，再针对这些情绪进行讨论，通过角色扮演去体验不同的生活感受，以提升孩子解决问题的能力以及同理他人的能力。

当愤怒左右了孩子的行为

只要是情绪，都需要被倾听

只要是人都会愤怒，

使用适当的宣泄方式，

就能当情绪的主人。

孩子更需要大人的协助，

练习与情绪共处，

找出适合自己的宣泄方式，

避免因为愤怒的情绪，产生不好的后果。

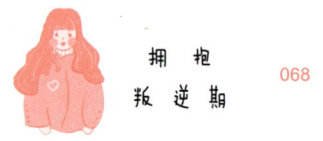

"那是因为他们都说我很吵。"

重光呼吸急促，愤愤不平地说着，还无法从刚刚那件事情中缓和下来，对于班主任的记过处分也感到非常不爽。

"我可以感受到你很在意大家这么说你。"

第一节英语课，老师还没到教室，重光自告奋勇地走到讲台前帮忙管理秩序，让某位同学安静后，被同学回嘴："全班最吵的就是你，你凭什么管我？"结果重光回了一句骂人的话，引来其他同学的不满，一起指责他。重光见到此般情景，恼羞成怒地冲到台下抓了那位同学的衣领，举起拳头来要打他，而这一幕刚好被英语老师撞见。

✳ 允许愤怒出现

每个人都会愤怒，愤怒是正常的情绪。

情绪，是我们对某人某事所产生的一种感觉，我们会因为某个人或某件事而产生不同的反应。很多时候我们在教育孩子时都会告诉孩子"不可以生气""生气是不对的"，但是不断地否定愤怒情绪，只会导致孩子在生活中更不知道怎么处理愤怒，这时候孩子可能就会选择最直接的肢体冲突来处理这种情绪。

我们要让孩子们了解每种情绪的出现都是正常的，觉察与辨识自己的情绪，每个人都可以拥有正面和负面的情绪，但不要让情绪控制自己，我们必须当情绪的主人。谁说愤怒就一定是坏的情绪呢？愤怒可以产生力量，促进我们与人交谈，表达出自己的想法与感受；愤怒可以激起我们想要改善现状、增强控制生活的动机。但愤怒同时也会妨碍我们思考，做出的举动容易引起别人异样的眼光，甚至引发攻击行为，所以任何一种情绪都会有其正面和负面作用，全看我们如何运用。

✳ 专任辅导老师这样做……

"为什么不学习忍耐呢？都已经读初中了。"面对班主任的指责，我非常不认同，我能理解班主任的不悦与无力感，但我们也需要去理解孩子们的愤怒情绪。即使孩子愤怒后出现的暴力行为是不对的，但他的情绪也是需要被倾听的，特别是倾听其情绪背后的需求与渴望。

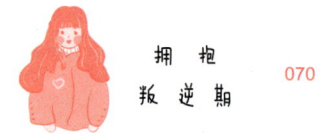

✳ 我能理解你

"你能跟我说说刚刚发生了什么事吗？"

"班主任不是都跟你说了吗？"

"嗯，但我想听听你的说法，因为我知道你会这么生气一定是不小心失控了。"

重光很没有自信，学业没有良好的表现，也没有其他专长，但又期许自己可以被大家喜欢，成为班上的"万人迷"，所以选择捣蛋的方式来引起同学和老师的注意。那天，他好不容易鼓起勇气想帮英语老师管理秩序，结果却换来同学的批评，也没有一位大人愿意坐下来听听重光怎么说。孩子生气的背后，其实是因为难过，以及对自己的失望。班主任只是一味地叫他要忍耐，却没看见他愤怒下那充满泪水的双眼。

面对因愤怒而打人的孩子，尽管我知道孩子有错，我也不会马上指责，我会先邀请孩子还原现场，听听他们的故事版本，然后在孩子的描述中，去理解孩子是怎么看待整个事件的。从他的角度去感受、同理，让孩子知道"我能理解你为什么这么生气"。

✳ 愤怒的替代行为

"生气之后你会怎么说？怎么做？""做了这些事情后，发生了哪些事？造成了哪些影响？""你觉得这样的处理方式好不好？下次可以怎么做比较适当？"同理孩子的愤怒情绪后，我会再带着孩子一起讨论愤怒所造成的影响，以杜绝他的暴力行为。

"你一开始是认为自己可以帮忙管理秩序，却遭到同学的批评，所以用拳头来表达不满，导致其他同学更无法信服你，现在还必须受处分、被禁足、被没收手机，这样的结果是你想要的吗？代价会不会太大？如果可以，当下有没有更好的处理方式呢？"

当我们直接告诉孩子这样做是错的，孩子通常听不进去，但如果我们带着孩子思考，让他发现自己这样做，不但没有改善现况，反而还需付出更大的代价，孩子就会非常有感触，这时候再去跟孩子谈正确宣泄愤怒的方法。

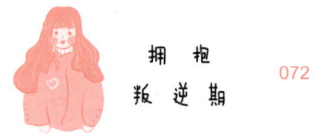
✳ "愤怒地图"法

正面宣泄愤怒的方法有很多，跟孩子讨论这些方法时，我会带着孩子一起绘制一份专属他的"愤怒地图"。

首先准备一张A4白纸和一支笔，在白纸上方横向写下宣泄愤怒的方法，每一个方法下画上一条垂直线连到白纸的下方，白纸下方依次填上喜欢的明星、卡通人物或歌曲等，选择一个主题即可，最后在每条线的中间随兴画上几条横线，呈现梯子的样子。

"曾经出现过哪些让你愤怒的事件，让你感到印象深刻呢？"

"小学有一次在操场被撞到，当下揍了对方一拳。"

"那后来事情怎么发展的？"

"我气消之后，才发现对方不是故意的。如果再发生一次，我应该会先搞清楚他是不是故意的吧？"

"你是用什么方法让自己气消，同时搞清楚对方不是故意的呢？"

我让重光回想印象深刻的让他愤怒的事件，通过事件的回顾，协助他看见自己拥有的解决策略。当孩子说出一个方法后，再针对这个方法不断扩展，例如：重光提到爸爸曾经告诉自己生气时就去喝青草茶，而喝青草茶必须先回座位拿，所以要离开现场，于是"澄清""喝青草茶"与"离开现场"三个替代行为就出来了。

就这样在一来一往的对话中，我跟孩子列出了十个方法：喝青草茶、找人说话、深呼吸、离开现场、冥想、向对方说出自己的感受、撕纸、转换想法、打软的物品以及澄清。这十个方法不一定是最好的，但都是通过讨论后最适合重光的做法。

接着我请重光将这些方法写在"愤怒地图"上，邀请孩子以游戏的方式，决定今天要用哪个方法来宣泄情绪。例如，今天想要选NBA球员扬尼斯，就在地图下方选定扬尼斯，然后沿着线往上走，看看最后会连到地图上方的哪个策略。

✳ 重复演练"那时候"

"现在，让我们回到那时候，离开现场的话，你要去哪里？在学校里可以找谁说？要怎么转换想法？在教室里有哪些纸可以撕？怎么拿到？"

只讨论愤怒的替代行为是不够的，我们在冷静时可以做到理性思考，但在愤怒的当下就会断了理智线。所以完成"愤怒

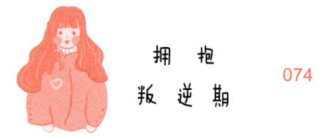
地图"后，我继续带着重光演练"那时候"，模拟生气时的情境，让重光重新感受愤怒情绪，体验不同的宣泄方式，进而应用在真实的生活情境中，以减少他的攻击行为。

演练时，我也一项一项仔细地与孩子讨论具体做法，不让这些替代行为过于空泛。以转换想法为例，可以将"你是故意针对我，看我不爽"，修正为"你是不小心的""这是你的情绪，我不会受你摆布"。

另外，我也通过定期的晤谈，让孩子利用记录来追踪、管理情绪，在每次的会谈中写下自己的想法、感受与行为，提升情绪觉察力，辨识生活中的愤怒因素。

在几次晤谈后，重光渐渐能将这份愤怒转化为进步的动力。某次还开心地拿了一张素描和我分享，这是他宣泄愤怒情绪的新方法。这张素描也意外地让重光在全班同学面前被老师称赞，让班上的同学发现他是个很会画画的人，并进一步开始欣赏、崇拜重光。

C· 给家长的陪伴叮咛

允许愤怒出现。每个人都会愤怒，愤怒是正常的情绪，如果不断地否定愤怒，只会使孩子不知道怎么处理生活中的愤怒情绪。愤怒可以产生力量，激发改善的动力。每种情绪都有其正面与负面的作用，只要不让情绪控制自己，就能成为情绪的主人。

"愤怒地图"法。绘制一份专属于自己的"愤怒地图"，邀请孩子回想印象深刻的让他愤怒的事件，通过事件的回顾协助孩子找出更多的情绪应对策略，然后以游戏的方式，让孩子决定今天要用哪一种方法来宣泄情绪。

重复演练"那时候"。只讨论愤怒的替代行为是不够的，我们在冷静时可以做到理性思考，但在愤怒的当下就会断了理智线。所以必须带着孩子演练"那时候"，模拟生气时的情境，让孩子重新感受当下，体验不同的宣泄方式，进而应用在真实的生活情境当中，以减少攻击行为。

说谎的背后藏有孩子的渴望

信任是理解孩子的重要途径

父母、老师和孩子之间，

最重要的便是信任。

当面对孩子明显的说谎或异常行为，

选择相信孩子，

会是一把走进孩子内心的钥匙。

"老师，老师！"

"彩秀在教室里中邪了。"

"太可怕了。"

一群学生在下课时间急忙地冲进辅导室，七嘴八舌地说彩秀在教室里"中邪"了，刚刚彩秀的爸爸还来学校帮忙"驱邪"，现在已经把她带回家休息了。

"啊？中邪？驱邪？直接在教室里？"听到这些消息，我感到很不可思议，赶紧找到班主任了解状况。"同学们刚刚跑来跟我说彩秀中邪了？是发生了什么事？情况还好吗？"然而班主任非常冷静地回应我："我跟你说，那一看就是假的，只是在逃避上课而已，你不用当真。"

✳ 孩子总是被"附身"

静养了几天后，彩秀返校上学，我在晤谈间询问了她之前"中邪"的事，彩秀突然激动地对我说："老师，你愿意相信我吗？"

"嗯，我愿意相信你，我很担心你。"

彩秀表示上周假日去了一家便利店，进入便利店后就觉得

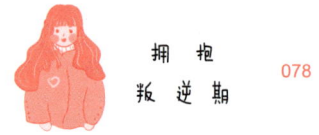

浑身不对劲，感觉有点不舒服，由于家里是经营庙会的，所以可以"感应"到某些状态。她判断应该是被魂灵"跟上"了，大概也能猜出对方的身份，"他"是一位学生，会边哭边笑，之前上课的时候，还突然凶狠地瞪着班主任，害得班主任吓了一跳。

"老师，但是这几天我又被一个魂灵'跟上'了，这次是个上校，全身金光闪闪的。"

"你会害怕吗？"

"不会啊，因为只要他没有伤害我，我就不会害怕。"

"那你怎么知道他不会伤害你呢？"

"因为他昨天有利用我的身体操控我。"

"操控你？"

彩秀表示，昨天晚上，那位"上校"突然操控自己的身体走到了爸爸的房间，不断拍打爸爸的背，当时爸爸正在睡觉，没有发现。"上校"一边拍打着爸爸的背，还一边叮嘱爸爸要好好工作、赚钱，好好地照顾这个家，不要常常发脾气，整个过程大概持续了五分钟才结束。

＊ 班主任的"不信"与孩子的坚持

"我跟你说，什么附身？什么魂灵？都是骗人的。"班主任认为那些都是孩子自导自演出来的，甚至之前彩秀在厕所被打的事件，可能也是她编造出来的。

"我发誓，我是真的被打了，但我不知道她是谁。"彩秀激动地对着我说，班主任的不相信，让她很无助。她表示那天早上自己一个人去上厕所，出来的时候在门口看见一位不认识的女生，那位女生穿着学校运动服，但学号不是学校的号码，彩秀还在疑惑时，那位女生就走过来打了她的肚子一下，然后转身逃跑了。后来班主任请政教处调监控录像，但因为厕所的位置是死角，无法拍到画面，所以也根本找不到"凶手"。

"我猜根本没有人跟她擦肩而过。"政教处老师也表示调监控录像后，没有发现任何异常情况，前前后后都只有彩秀一个人，没有人与她擦肩而过。但彩秀还是非常坚持，她认为是监控没有拍到，而且监控里拍到的人根本不是她。

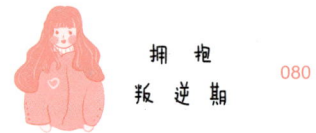

✳ 专任辅导老师这样做……

晤谈后的几天，彩秀在某天午休走进了辅导室，全身发抖地说："老师，我现在很不舒服，需要纸跟笔。"然后她写下了一句话："太子中午生气走了，我现在很冷、很不舒服。"正当我准备去联系班主任时，彩秀一转眼又跑回了教室。

午休结束后，彩秀再一次独自走进辅导室。"老师，我要送给你一颗棒棒糖。"她拿出了一颗糖果、玩具和奶嘴，整个人像小孩子一样，玩着玩具、吸着奶嘴，眼神、语调也都异于平常。同学追在后头一起进了辅导室说："老师，她被三太子附身了。"待同学一说完，彩秀就又变回了原本的样子。

由于这实在是太荒谬了，所以我决定下一节课约谈彩秀。"老师，因为这个学校有太多'坏东西'了，我会很危险，所以三太子才会来保护我。""可是三太子很讨厌班主任，只要班主任一靠近，三太子就会离开我，我就会手脚冰冷，很不舒服。"说着说着，她突然盯着后面的白墙，面有难色地低着头摇晃，一会儿后，变成了小孩子的声音，我抓住时机拿了手边的糖果给彩秀，试着与附身的"三太子"对话："三太子你好，我是彩秀的老师，彩秀说你是来保护她的，谢谢你，不过因为你突然来，可能会吓到其他孩子，所

以能不能跟你协商一下，尽量不要在学校里附身，改用其他
方式来保护彩秀呢？"

＊　相信，才能走进孩子的内心世界

"老师，你知道为什么三太子刚刚愿意和你协商吗？"

"为什么？"

"因为只有你会给他糖果吃啊。"

经过一次又一次的晤谈后，我发现彩秀的怪异行为其实都
是一个信号，每当彩秀在生活中承受了巨大的压力，就会出现
那些怪异的行为。

我跟"三太子"达成协议后，彩秀在学校被附身的次数也
逐渐减少，尽管一开始我也是有点疑惑的，因为"三太子"不
可能随叫随到、想上身就上身。但我知道如果我不断地怀疑，
只会让我跟孩子的距离越来越远。所以为了能跟彩秀有更多的
对话，更深入地了解她，我选择了相信。

因为我的相信，我们建立了信任关系，她也愿意减少自己
在学校被"附身"的次数，不再执着向大家解释这是真的，
而彩秀的这些行为其实也都有其目的性。彩秀让"上校"控

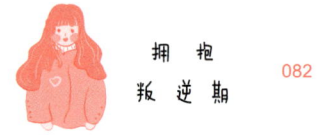

制自己的身体，走进爸爸的房间拍打爸爸，是因为爸爸每天晚上都会偷跑出去喝酒，喝到半夜才回家，在家里发酒疯、大吼大叫，她非常讨厌爸爸的这些行为，因此用这样的方式警告爸爸。

厕所被打的事件是因为她希望得到班主任的关注，于是编了一个故事，让自己成为受害者，借此获得班主任的关爱，因为她的内心比谁都希望自己能得到班主任的爱，但班主任的冷言冷语让她很不舒服，为了摆脱这种不舒服感，于是出现了"三太子"的附身行为。

✳ 事实不是拿来确认，是拿来理解的

为什么我会选择相信彩秀，因为信任是理解孩子的重要途径，在辅导的过程中，很多时候事实不是拿来确认的，而是拿来理解的。面对这些脱序的行为，班主任连听都不听，就直接下定论，这也是为什么孩子会走进我的办公室，希望能找到一位相信自己的大人。

经过不断地沟通与讨论，班主任也从说服我"不需要相信孩子"，渐渐地可以理解我为什么要选择相信孩子。其实我也

很清楚彩秀并非对我说实话，甚至是谎言一大堆，但我还是会选择相信，因为唯有相信，我才有机会跟彩秀有更深入的对话，进入孩子的内心世界，理解孩子的谎言背后的目的与意图，甚至是听到孩子说出更多无预期的真心话。

☪ 给家长的陪伴叮咛

相信，才能走进孩子的内心世界。尽管知道孩子是在说谎，但我还是会选择相信孩子，如果我们只是不断地怀疑，那么我们与孩子的距离只会越来越远，这份相信可以让我们跟孩子建立信任关系，跟孩子有更多的对话，走入孩子的内心世界。

事实不是拿来确认，是拿来理解的。信任是理解孩子的重要途径，在辅导的过程中，很多时候事实不是拿来确认的，而是拿来理解的。当我们做了相信孩子的选择后，我们才有机会去理解孩子谎言背后的目的与意图，甚至是听到孩子说出更多无预期的真心话。

Chapter 03

情窦初开的心

健康的两性关系与观念，
需要大人的引导和给予

青春期的孩子，

对身体感到好奇很正常，

探索身体的奥秘，也会在这个阶段发生。

家长与其回避，不如好好做好准备，

和孩子谈谈这些课本上没教的知识。

教孩子处理情感的正确方法，尊重自己与他人的身体，

告诉孩子，爱自己比什么都重要！

因失恋而痛苦的青少年

爱情的每个阶段，都能学习如何处理感情

对于未成年的子女谈恋爱，

父母总是紧张，甚至明令禁止。

不过，真的挡得了吗？

男女之间的关系，

也是人际关系中重要的一课，

与其禁止孩子恋爱，造成孩子想方设法隐瞒，

不如陪着孩子一起修"恋爱学分"。

"失恋，放下，好难。"

佳雯一早到辅导室写下了这几个字，并不断哭泣，我安抚着她的情绪，通过与她沟通后知道，原来她上周刚跟男朋友分手，现在她难过、失落，又严重失眠，甚至连饭都吃不下去。

"老师，我觉得我好像生病了，是不是要看心理医生？"佳雯分手后的心情都闷闷的，刚分手的那几天还有想喝酒或轻生的念头，所以她怀疑自己是不是生病了，心理是不是出现了问题。

"失恋会难过是正常的，有些人会感到痛苦、孤单。"我将这些失落的情绪普同化，让她知道不是只有她才会这样。失恋多半都会伴随着不同的情绪反应，但如果不断出现自我伤害的念头，就要提高警觉，向外求助，避免遗憾发生。

＊ 先缓和失恋带来的情绪

"佳雯，你能跟我说说你跟男友之间发生了什么事吗？"

"唉，我也不知道。"她擦干眼泪看着我。

佳雯说男友从上个月开始就对自己冷淡了，上周突然传了一条信息给她，上面写着："我对你已经没有感觉了。"这让她非常错愕，想询问男友原因，但对方直接拉黑了她。

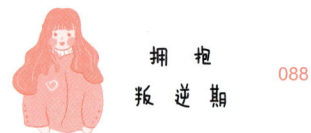

"他居然连我的昵称都改掉了。"说着说着，佳雯又趴在桌上哭了起来。

"他的这个举动让你很受伤。"

"嗯。"

我同理并回应佳雯的情绪，待孩子情绪缓和下来后，我们才继续对话。

"老师很担心你，你这几天难过的时候，除了哭，还有做些什么事呢？"

"打电话给朋友吧。"

"嗯，打电话给朋友会让你感觉好一点。除了打电话给朋友，还可以做些什么来让自己感觉好一点呢？"

"洗热水澡吧。"

"嗯，热水澡能产生镇定的效果，让你感到舒服，那还有吗？"

"还有听音乐吧。"佳雯想了一下。

"抒情的音乐也可以让我们把心平静下来，进而转移注意力。"

"嗯。"

"那我们先约定好，如果这几天你还是很难过，就先做这些让自己舒服一点的事。"

"好，可是，我还是无法放下他。"

"还是无法放下他，就先不要强迫自己。"

"但我怕我在他心中的地位越来越低。"

✳ 专任辅导老师这样做……

佳雯想挽回男友的心，她昨天晚上忍不住给男友发了类似"我想你"等话，结果引来了男友的不满，还直接打电话给她："闹够了没？"男友还说："爱情是不能强求的。"

"我知道这是我的错，但我太想他了。"佳雯的眼泪又稀里哗啦地掉下来。

"我们可以先准备一个小本子，把所有想对男友说的话都写下来，你觉得呢？"

我请孩子先给彼此一点空间，让对方喘口气，也让自己沉淀下来。当佳雯想念男友的时候，可以利用文字书写的方式来帮助自己抒发情绪，通过这些记录整理思绪。因为书写不但可以让我们与自己对话，也可以让我们重新与经历联结互动，重新整理我们的思维与感受，达到自我疗愈的效果。我同时也评估佳雯的社会支持系统，避免她是一个人，良好的人际支持网

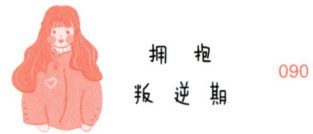
络可以增强佳雯面对失恋的能量，家人与朋友的陪伴都能给她
带来力量。

＊ 和孩子一起探讨爱情

一个星期后，佳雯的情绪明显缓和许多，不知道为什么男
友又跟她联系起来，两人还相约一起逛夜市。途中，男友细心
呵护，还买了很多布娃娃送给她，这些举动都让她很感动。

但逛完夜市第二天，男友又像之前一样冷淡，信息已读不
回，这让她开始矛盾，不知道自己到底该不该继续和男友保持
联系。

"老师，我觉得这段感情让我好困惑，他的反复无常让我
捉摸不定。我一直在思考，这真的是我想要的爱情吗？"

"嗯，那我们一起来探讨你想要的爱情吧。"

我们一起重新整理了她与男友的这段关系，想看看中间究
竟是出现了什么问题。佳雯发现自己在这段恋爱关系中，跟男
友只剩下激情，男友的浪漫让她对男友很迷恋，但两人没有真
正的亲密与承诺，没有亲密与承诺的迷恋式爱情，不是佳雯想
要的爱情。

　　根据心理学家斯滕伯格所提出的爱情三元素理论，完整的爱情必须包含亲密、激情及承诺三元素。"亲密"是一种彼此心灵亲近，互相信任、接纳的感觉，双方可以给予彼此鼓励与支持的力量。"激情"包含了浪漫与外表的吸引力，会想跟对方有更多身体上的接触。"承诺"代表了双方愿意付出时间和心力一起经营爱情，是一种确认长期关系的允诺。爱情中如果少了其中一项元素，就会影响关系的品质。

✳ 每件事情的发生都有它的意义

　　"现在回想起来，我觉得之前失恋哭成那样是很蠢的。"

　　"一点都不蠢，因为这都是一个过程。"

　　"当时我都怀疑是不是自己不够好？做错了什么？现在我才发现原来身边还有家人、朋友爱着我，我有很好的条件来寻找更好的男友。"

　　"那你觉得这段关系带给你什么成长呢？你有什么收获和损失呢？"

　　"原来失恋并不可怕，虽然很痛苦，但可以让我看清楚自己想要的是什么。"

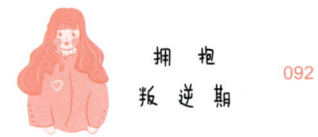
　　"那我们来抽一张'增能卡'送给自己吧。"我让佳雯抽张卡片送给自己,她选了一张写有"没有礁石,怎能激起美丽的浪花"的卡片。尽管目前佳雯还无法完全放下男友,但她知道这不是自己想要的爱情,所以也就不再这么执着了。

　　"那你还记得我们之前讨论过的,要结束一段感情,可以有哪些做法吗?"我邀请佳雯一起讨论正确的分手模式,练习未来怎样可以健康地结束一段关系。

　　"当然记得啊,我才不会像他这样只是单向告知而已。"

✳ 分手,这些考试不会考的事

　　分手的模式有很多种,包含"沉默式分手":什么也没说,什么也没做,就是渐渐疏离不联络,不交代分手的原因;"宣泄式分手":将交往期间所有的不愉快发泄出来,不断责怪对方,可能会出现激烈的行为;"谈判式分手":使用各种条件来达成分手目的,过于冷静、无情;"暗示式分手":以逃避的方式做出伤害行为,暗示对方提出分手;"拖延式分手":食之无味弃之可惜,拖延至对方提出分手;"单向告知":决定分手后仅单向告知;"坚持不分手":不论对方说什么、做什么，就是不分手。最适合的分手模式是"协议式分手"，将两人不适合在一起的原因说清楚，给予彼此互相表达感受的机会，达成共识，让双方有时间整理情绪及相关事务，祝福彼此，兼顾理性与感性。

谈分手时也必须注意安全分手的原则，包含慎选分手的时间、地点，尽量找公开的场合见面，分手的态度要温和而坚定，避免批评、指责对方，跟对方见面的时候，也要让身边亲近的人知道，以免发生危险。

我们跟孩子讨论这些话题，可以让孩子了解到不管是谈恋爱还是之后进入婚姻关系，都需要双方彼此磨合，失恋也并不代表失败，这些过程都可以让我们学习如何结束一段关系，如何避开可怕的"危险情人"。如果对方是个不懂得尊重，且对你的生活、行动、自由都强烈控制，容易因小事暴怒，情绪反应不符合比例原则的人，就必须多加留意。

爱情是许多人都要学习的课题，许多人谈恋爱的方式都是从偶像剧或小说学来的。我曾经进行家访时，有位孩子的妈妈还很生气地质问我："如果你知道你老公整天只会打游戏，你还会想嫁给他吗？所以我根本没有心思管小孩有没有上学！"孩子在夫妻不协调的环境下长大，其身心发展势必会受到影响。

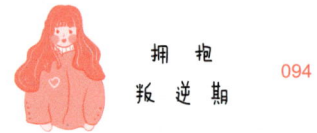

C ★ 给家长的陪伴叮咛

　　失恋后的情绪照顾。同理并回应孩子的情绪，适当的情绪宣泄也是照顾自己的一种方式，通过书写整理思绪，书写不但可以让我们与自己对话，也可以让我们重新与经历联结互动，重新整理我们的思绪与感受，以达到自我疗愈的效果。

　　每件事情的发生都有它的意义。我们可以问孩子："你觉得这段关系能带给你什么成长？有什么收获和损失？"尽管失恋是一种失去，我们还是可以带孩子回顾自己在这段感情中的收获，学习在下一段感情中经营关系。所以不论是开心还是难过的事，我们都可以在其中找到它的意义与收获。

　　教导孩子正确的分手模式。分手的模式有许多种，其中最合适的是"协议式分手"，将两人不适合在一起的原因说清楚，给予彼此互相表达感受的机会，充分达成共识，让双方有时间整理情绪及相关事务，祝福彼此。

渴望爱情的年轻心灵

当爱情来到孩子面前，
不如一起建立正确的爱情观

面对渴望爱情的孩子，

与其禁止或阻断，

不如趁这个机会，

和孩子讨论他想象中的爱情、理想的另一半，

并且告诉孩子在爱情中必须先学会爱自己，

别人才会爱自己。

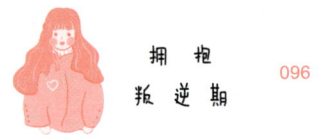
"老师，我该怎么判断男生对我是真心的呢？"

下课铃声一响，巧婷就冲到辅导室问了我这个问题，然后看着我，盼望着我能给出答案。

"你怎么会突然问我这个问题呢？"我疑惑地看着巧婷，孩子显得有点害羞。

"因为最近又有一位男生向我告白了，我觉得那位男生很贴心，我也很想赶快跟他在一起。"

"是啊，我记得之前跟你说过要先多多观察对方，对他有多一点的认识后，再从朋友开始，不要一下子就掉进爱情的旋涡里。"

✳ 同学眼中的"绿茶婊"

一开始，巧婷是因为人际关系问题成为我的来访者。当时她在班上一直处于被排挤的状态，其中一个被排挤的原因是，她曾有"脚踏两条船"的记录，在男女关系上非常"花心"，同学得知后就开始在背后骂她"恶心"，还给她取了一个"绿茶婊"的绰号。

巧婷每天晚上都会跟不同的异性朋友及网友聊天、视频，男朋友也总是换，她向往着自己能拥有很多异性朋友，以及被许多男生喜欢，享受着这种被很多男生追求、告白的感觉。

"所以这次是谁向你告白了呢？"

"上星期我跟前男友分手了，然后认识了一位大哥哥，那位大哥哥说要跟我在一起。"

"大哥哥？他的名字是？年纪多大了？在做什么？"

"……我只知道他在网络上的昵称，好像还在读书吧？"

"那你为什么想跟他在一起呢？"

"因为他很关心我啊，对我很好的，会对我嘘寒问暖，而且他很专情，因为他跟前女友交往四年才分手。我们这几天都会开视频聊天。"

由于巧婷每次都搞不清楚追求者的来历，所以我请她这次也先缓一缓，多给自己一些时间好好观察，先和对方相处看看，且必须先避免单独与对方约会、见面。

＊　**专任辅导老师这样做……**

过了一周后，巧婷又冲到辅导室来找我："老师，我后来跟那位大哥哥在一起了，可是我们这几天有点小吵架。"

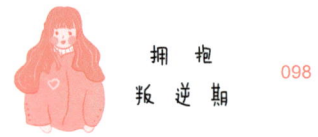
　　巧婷跟那位大哥哥的小吵架，让她不知道该怎么办。所以她特地来找我，希望能跟我约个时间好好聊聊。

　　"其实他很愿意为我改掉很多坏习惯，但是……"巧婷的脸拉了下来。

　　原来男友本身是个生活圈很复杂的人，身边有许多酒肉朋友，但因为男友很爱巧婷，所以愿意为了巧婷离开那群朋友，也愿意改掉很多坏习惯，像是抽烟、喝酒等。但就在某一天巧婷偷偷看了男友的手机，意外发现男友跟许多女生搞暧昧，她吃醋地叫男友将这些女性好友删掉，男友却因此大发脾气，还叫她闭嘴，这让她很受伤，开始对男友产生不信任的感觉，于是双方进入了冷战。

＊ "我"的沟通模式

　　"我原本以为交男友很甜蜜、很开心，结果现在很困扰，都不知道对方到底在想什么。"

　　"那你希望你跟你男友可以怎么发展呢？"

　　"我希望可以和好啊，不再吵架，也希望他不要再跟那些女生搞暧昧了。"

　　"如果直接说出你内心的感受呢？利用'我'来代替'你'进行表达，可能会得到比较好的效果。"

　　当我们跟朋友或家人相处不愉快时，我们都会习惯以"你"作为开头，来表达心中的不满，例如："你怎么可以这样说""你好烦""你怎么连这都不会"等，但这样的表达方式只是在发泄情绪而已，难以进行有效的沟通。

　　"我"的沟通模式则是将"你"的说话方式，改为"我"，以"我觉得"的句型开始。第一步先将困扰自己的具体事件描述出来，例如："我那天看了你的手机，看到你跟很多女生搞暧昧"。第二步说出自己对这个事件的感受："我感觉有点受伤"。第三步说明这个事件对自己的影响，以及自己对此事件有什么期待："这让我变得容易疑神疑鬼的，我希望这些暧昧可以减少"。

　　如果我们采用"你"开头，可能会使对方有被责备、被批评的感觉，不但无法将问题的症结表达给对方，也可能会不小心伤害彼此的感情。而以"我"为开头的沟通模式既可以清楚地描述自己真正的感觉，对事不对人，又可以让彼此之间建立更加良好的互动关系。

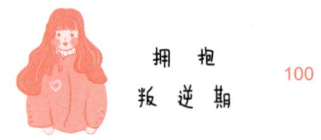

✳ 厘清爱情价值观

"老师，我们讲开后也和好了，他向我坦承他跟前女友其实还在一起。"

"咦？真的假的？"我非常惊讶地看着巧婷，因为她在知道男友的行为后，不但没有分手，还打算继续跟对方在一起。

"你这么喜欢他吗？你喜欢他的哪些特质呢？"

"我觉得喜欢是不需要理由的。"

"那他吸引你的地方是什么？"

"他很贴心啊，会带我去很多地方玩，让我开心，也会陪我吃饭，帮我付钱。"

因为孩子目前的心思都在对方身上，什么话也听不进去，所以我换了一种方式，邀请孩子玩"爱情澄清卡"。通过爱情卡让巧婷探索自己的择偶条件，厘清自己在爱情中的价值观，针对自己在爱情关系中重视的需求，进行"我想要"与"我不想要"的筛选。当巧婷筛选出前十个特质后，再依据这十个特质进行分析，分析彼此的关联性与内涵。

在巧婷挑出十张"爱情澄清卡"后，我发现巧婷的前三个都是对方经营爱情的模式，包含"必须接纳我""包容我""疼我及宠爱我"，接着是对样貌的要求，"长得

帅""不可以太胖",最后才是对方的个性与特质。我也跟巧
婷一起讨论她过去恋爱的经历,孩子表示自己在每一段感情中
都是受伤的,恋情常常很快就结束,有的甚至只交往几个小时
就结束了。因为她在爱情中常会忽略对方的内在特质与个性,
只要对方对自己嘘寒问暖,呵护自己,她就会想继续跟对方在
一起,就算对方是个"渣男"也无所谓。

✳　孩子只是想要被爱的感觉

　　巧婷渴望被爱,需要有人随时陪伴在身边,这跟她在原生
家庭中缺少爱有关系,原生家庭的疏离让她感到非常孤单,而
异性间的亲密关系,正好能填补她内在的心理需求,进而带来
满满的安全感。

　　当我一提到家庭,巧婷就非常抗拒,她不喜欢待在家里,
宁愿整天在外面游荡或关在房间里跟网友聊天,也不想面对家
里的人。在巧婷很小的时候,父母就离异了,她对家的印象只
有天天吵架的画面而已,不管她做了什么,爸爸都会认为她所
做的是错的,这也让她开始不断怀疑自己是否重要,是否真的
一无是处。

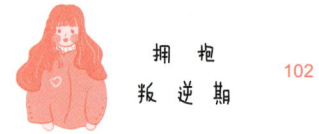

"我就是不喜欢这个家，也感受不到家的温暖，没有人真心爱我，在这个家里我很孤独。"

"你很渴望有一个亲密的家庭关系。"

"嗯，我希望每个人都在一起，快快乐乐的。"

"是什么原因让你觉得没有人真心爱你呢？"

"因为我根本没有任何优点。"

"怎么会？相信我，你身上有很多优点呢。"

"没有吧？"

"光是跟你谈话，我就发现你是个很会觉察自己感受与想法的人，也是很会照顾别人的人。"

"这些也算是优点吗？"

"当然是啊，而且当你拥有自信的时候，笑起来是很好看的。"

"嗯，可是我觉得我的身材不够好。"

"每个人都有每个人的优点，你还在发育期，如果有人只喜欢你的外表，那代表对方也只是个肤浅的人而已，唯有你先爱自己，别人才会真心地爱你。"

先学会爱自己，与自己相处，别人才会来爱你。在巧婷的原生家庭中，缺乏人与人之间的亲密与归属感，于是她才会通过恋爱来满足自己内心的需求，不断向外寻找爱自己的人，却忘记原来自己才是那个能给自己最多爱的人。我带着巧婷细想，能做些什么来让自己变得更好？我们不需要在恋爱关系中将对方视为全世界，而应该要在恋爱关系中看见自己的优点，变得更爱自己。

在咨询辅导中，关于两性的个案很多，孩子们进入青春期，对异性开始产生好奇，很多大人都会命令孩子不准谈恋爱，但对孩子来说，需要大人来告诉他们为什么初中生不适合谈恋爱。如果家长只是一味地限制，只会导致孩子偷偷谈恋爱。当他们在遇到两性交往或相处上的问题时，会变得沉默，不敢求助，也不敢让大人们知道，这会使我们无法及时地给予孩子协助。所以与其禁止，我更希望花更多时间去跟孩子们讨论什么是爱情？初中阶段的恋爱会有哪些挑战？大人们的担忧是什么？然后借由两性关系带着孩子们探索自我，认识自己与他人的差异性，学习两性交往的正确观念。

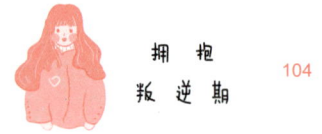

C⋆ 给家长的陪伴叮咛

以"我"为开头的沟通模式。当我们与朋友或家人相处不愉快时，我们都会习惯以"你"作为开头来表达心中的不满，但这样的表达方式只是在发泄情绪而已，难以进行有效的沟通，"我"的沟通模式则是将"你"的说话方式，改为"我"，以"我觉得"的句型开始，清楚描述自己真正的感觉，对事不对人，让彼此之间建立更加良好的互动关系。

陪伴孩子探索自己的择偶条件。邀请孩子以"爱情澄清卡"探索自己的择偶条件，厘清自己的爱情价值观，针对自己在爱情关系中重视的需求，进行"我想要"与"我不想要"的筛选，筛选出前十个特质后，再依据这十个特质进行分析，分析彼此的关联性。

教孩子先学会与自己相处。"你觉得你身上有哪些优点呢?"在爱情中必须先学会爱自己，别人才会来爱我们，我们不需要在恋爱关系中将对方视为全世界，而是要在恋爱关系中看见自己的优点，更爱自己。

对身体好奇的青春期

亲爱的爸爸妈妈们，准备好跟孩子谈性了吗?

青春期正是对身体变化感到好奇的时期，

接触到与性相关的信息更无可避免。

和孩子讨论身体或性方面的话题，

对很多家长来说颇具难度，

但也是无法回避的，

所以请爸爸妈妈们做好准备!

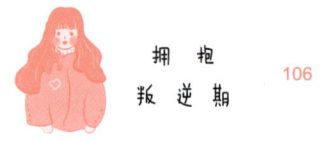
"喂，您好，请找专任辅导老师。"

"老师您好，向您报告一下，昨天二年级一班的政南对一位女学生性骚扰。"

"我们这边已经进行通报了。"

我刚处理完个案正走回办公室时，政教处突然来了一通电话，政教处主任简单又快速地描述完整个事件。我放空了五分钟后，赶紧回过神来，找了主任及其他伙伴一起讨论这件事，并准备后续的辅导与应对措施。

由于本次事件的加害人与被害人皆是本校学生，所以在政教处启动了会议后，辅导室也必须针对双方进行后续的辅导与追踪，加害人另外须再接受八小时的教育课程。

＊ 别忘了加害者也需要陪伴

"嗨，政南，你好。"我先向孩子打了招呼，他的身体僵硬，神情有点紧张，没有回应。于是我继续说话："嗨，政南，你好，老师知道你发生了一些事情，面对这件事情，这么多人来问你，你的压力应该很大吧？老师也非常担心你现在的心情，你愿意跟我聊聊吗？"我给了他一个温柔的微笑，并继续告诉他，"没关系，你可以先让自己放松一点，就算这件事是你的错，但一定也影响了你的心情，你想说什么就说什么，不用有太多的顾虑，在这里我们之间的谈话都是保密的，除非有其他的例外出现。"

我向孩子释出善意，说明保密的原则与例外后，我尝试与政南建立信任关系。大部分的加害人面对老师都会有所防备，可能是因为害怕被处罚、被责骂或是被教训，因而抗拒谈话，这也是加害人常有的心态，所以我必须先让孩子愿意打开心房谈这件事。我们常常都会太习惯，也比较擅长陪伴被害人，但其实加害人也是需要陪伴的，他们也需要有人去听听他们怎么了，理解他们为什么会做出这种事。有了理解，我们才能在指责与批评外，对症下药，协助加害人。

"嗯，其实我爸妈昨天来过学校了。"孩子的双手不时搓揉着。

"爸爸和妈妈昨天来学校做了什么事呢？"

"他们陪我一起向同学的父母道歉。他们很生气，我也担心他们会因为我上法院。"政南很后悔，也意识到事情的严重性。

"你很心疼，舍不得看到爸爸和妈妈为你这样。"

"嗯。"

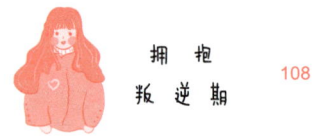

"老师发现你是一位贴心的孩子呢。"

孩子默默地哭了起来。

"怎么了？想到了什么事吗？"

"我担心我会因此留下不良记录，我很后悔做那些事情，我愿意负起责任，接受应有的惩罚。"

"嗯，这是一个很负责任的态度，这很不容易。老师先向你说明学校接下来的处理流程，以及你可能会遇到的状况，然后我们再一起从这次的事件中学习，避免自己再犯，好吗？"

"嗯。"

"那么是什么原因让你想去触摸同学呢？"

"因为我好奇。"政南有点尴尬又有点害羞。

＊ 专任辅导老师这样做……

原来政南一开始会对同学进行性骚扰，是因为对同学有好感，希望可以追求对方，但他又不知道怎么去接近同学，加上他最近有偷偷上网看不良的内容，对男生为什么会有生理反应感到好奇，为什么男生会梦遗？大家的生殖器官有什么差别？为什么网上都说女生的皮肤很嫩、很好摸？他就连在跟男同学玩肢体游戏时，也会想去触碰对方的皮肤或生殖器官。

　　"关于这些性好奇，网上提供的内容不一定都是正确的，有问题你可以直接询问老师，如果不好意思的话，也可以以纸条的方式询问老师。"

　　青春期正是青少年对性充满好奇的阶段，我告诉政南会有这些好奇是正常的，也是被允许的。但是他探索性的方式不能侵犯到别人，因为每个人都有"身体自主权"。身体自主权是每个人对自己身体管理的权利与能力，我们不能随意去触碰别人的身体，别人也不能随意来碰触我们的身体，不论是异性还是同性之间都是，被随意触碰身体的人有可能会因此感到身心受挫，产生巨大的压力或恐惧。

＊　帮助孩子认识何为性骚扰

　　"就算只是碰触女生的肩膀，如果对方感到不舒服，也是有可能会构成性骚扰的，跟男同学玩耍也是。"

　　"可是他们都笑笑，没有拒绝我，我怎么会知道他们不舒服？"

　　到底什么样的情况会构成性骚扰呢？一般来说我们会从被

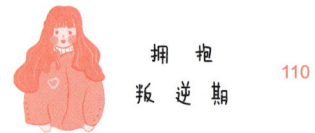

害人的主观感受、一般的客观标准以及事发情境三个角度来看。广义来说，性骚扰就是指一切足以让人产生不舒服的性联想的故意行为，且违背当事人的自由意愿。性骚扰的认定为"被骚扰者的主观感受""客观合理标准"及"事发情境"，并非依"加害人有无性骚扰意图"作为判断标准。常见的性骚扰类型包含言语骚扰、肢体骚扰、图片骚扰及权力位阶骚扰。

在性骚扰事件越来越多的当下，很多被害人会因为不敢或不好意思拒绝而选择消极回应，可能是因过于慌乱而逃避，导致很多性骚扰的加害人容易以为被害人是喜欢这样的。如果被害人刚好面对的是有权有势的人，例如长辈或老师，那被害人可能就更会有所顾忌，担心被暴力对待，或是搞不清楚这是不是性骚扰。

针对政南的性骚扰再犯预防，除了禁止他与被骚扰的同学有再次独处的机会外，也要减少他与同性之间的肢体碰触游戏。我也带着他一起检视个人的性别成长经历，培养其更高的性别敏感度，在不确定自己的言语是否受到大家欢迎时，避免在课间讲黄色笑话，就算同学没有当场制止，也不表示同学会觉得舒服。

✳ 准备好跟孩子谈性了吗?

政南平常跟父母感情不错,也会分享学校里发生的事,但他从来没有跟父母谈论过关于性的话题。由于政南目前还是跟妹妹睡同一间房间,分上下铺,所以我请班主任先建议家长让他和妹妹分房,建立孩子在两性之间的身体界线概念。

孩子在成长的过程中会想探索自己的身体,可能会通过碰触或抚摸的方式,获得不同的感官刺激。很多家长面对孩子的性好奇都会以"不知道什么时候要教"和"不知道怎么教"为由避而不谈。其实性教育只要跟着孩子的成长阶段状态,引领孩子探索、了解即可,不需要一次性完成。在与孩子谈论性之前,父母也必须先了解自己的性态度与性知识,保持弹性、开明的态度,因为性教育除了性爱外,还包含如何与异性相处,如何追求异性,如何保护自己与尊重他人。家长要带着孩子认识自己的身体部位,学习以正确的方式照护它们,认识性别界线,探索自己的性别认知,对于不同性别的差异都应给予尊重。性教育最重要的不是给孩子多少专业的性知识,而是面对性的态度。

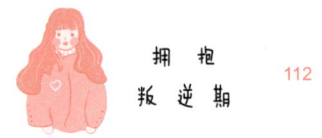
✳ 请冷静听孩子说

家长第一次发现孩子有关于性方面的不当言语时，都会显得不知所措，尤其孩子是女孩时更是如此，这时候家长务必先冷静下来，思考怎么跟孩子谈话，因为当孩子知道被家长发现后，一定也会有很多的情绪或猜测："爸妈会不会很生气？""我是不是很脏？""爸妈会怎么看我？"

第一，面对这件事情，亲子双方可以先表达自己的情绪。家长可以直接向孩子坦承自己知悉后的感受，例如"觉得惊讶又担心"。家长也可以回应孩子的情绪："我知道你可能会很担心、害怕，不知道该怎么面对我们，甚至觉得尴尬。"

第二，邀请孩子谈话而非指责。家长可以直接告诉孩子这件事情的重要性："有点不知道该怎么谈这件事，但这件事很重要，还是想邀请你聊聊。"比起指责，家长要表达自己更想听孩子的想法。

第三，以提问的方式了解背后的动机。"是因为你对性感到好奇吗？"了解孩子的这些行为是因为对性好奇、想吸引异性注意，还是为了跟同伴之间有更多的话题。

最后，告知危险性。家长需告诉孩子，如果掌握不好言语方面的尺度，可能会不小心涉入人身攻击，或是被恶意截图，引发后续问题。而且如果在两性交往上注意力总集中在性及外表上，也会忽略彼此的内在吸引力，进而影响两人的恋爱关系。

C⋆ 给家长的陪伴叮咛

教导孩子"身体自主权"。孩子会有这些性好奇都是正常的，也是被允许的，但每个人都有捍卫自己身体的"自主权"。身体自主权是每个人对自己身体管理的权利与能力，我们不能随意触碰别人的身体，别人也不能随意碰触我们的身体，不论是异性还是同性之间都是。

与孩子谈性话题的准备。性教育只要跟着孩子的成长阶段状态，引领孩子探索、了解即可，不需要一次性完成。在与孩子谈论性之前，父母也必须先了解自己的性态度与性知识，保持弹性、开明的态度。性教育最重要的不是给孩子多少专业的性知识，而是面对性的态度。

处理孩子关于性方面的不当言语。家长可以直接向孩子坦承自己知悉后的感受，也可以回应孩子的情绪，邀请孩子谈话，而非指责。家长要以提问的方式了解孩子行为背后的动机，告知孩子可能发生的危险，例如，掌握不好言语方面的尺度，可能会不小心涉入人身攻击，或被恶意截图引发后续问题。

孩子偷尝禁果了

用尊重的态度，先听听孩子怎么说

当父母越了解孩子，

孩子发生性行为的概率就越低，

面对性话题，与其一直避而不谈，

不如好好引导孩子说出心里的想法与感受。

也可以利用新闻事件和孩子讨论，

并提供给孩子正确的观念。

"老师，拜托啦，可以不要跟我爸妈说吗？"

"我真的不是故意的，我保证不会有下次了。"

一早八点多，班主任匆匆忙忙跑来辅导室，把我拉到角落，紧张地跟我说班上的美珍与男友发生了性关系，我协助班主任确认此事后，依照相关规定进行通报。

美珍在得知学校要通报后，情绪非常激动，不断地拜托我不要把这件事情告诉她的父母，但孩子在跟我的第一次谈话时就知道"保密例外原则"，如果谈话中有涉及危险性或法律相关规定时，校方就会有依法通报的责任。

"为什么一定要让我爸妈知道？"美珍的情绪非常激动，整个人躺在咨询室地板上不断哭泣，担心父母知道后会大发雷霆，担心接下来要面对的法律问题，也担心男友会因为这件事而责怪自己。

"老师知道你现在的心情很乱。"我话还没说完，美珍就突然冲出咨询室，躲进了女厕所，将自己反锁在厕所中。"老师，我现在想先自己一个人静一静，好吗？如果真的要让我爸妈知道，可以让我自己先开口吗？"

"好，我会跟班主任及社工说，先让你向爸妈提这件事情。"

"美珍，通报的用意不是要惩罚你，是为了要保护你。"

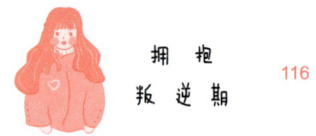

我再次说明校方通报的目的与意义。

＊ 专任辅导老师这样做……

在理解通报的用意后，美珍的情绪稍微缓和下来，但还是非常抗拒，于是我带着她一起讨论如何向爸妈开口，并说明通报之后会需要面对哪些人及哪些事。我告诉孩子，这些我都会陪着她一起面对。

"你目前打算怎么开口跟父母说呢？""我们来想想如果父母知道后会有哪些反应？""这些反应背后的情绪是什么？""父母为什么会出现这些情绪？""你在害怕什么？"

"我害怕他们知道后会很生气""我怕他们会去打我男友""我怕他们会觉得我很脏""我怕他们逼我们分手"……通过很多提问，我跟美珍讨论了父母知道这件事后的各种可能性，模拟了各种版本，我答应孩子在转达时也会让她的父母知道她的担心和害怕，这时孩子的情绪才逐渐稳定下来。

＊　家庭的关系是关键

"他们会生气是因为在乎我吗？"美珍很不认同这句话，她从小就是"钥匙儿童"，父母平常早出晚归，跟她也没有太多沟通，顶多就是"明天早餐钱""在外面不要给我惹事"等。于是孩子渐渐把心思都放在网上，结交网友，跟网友谈心、聊天，就算只是认识一天的网友，美珍也会将对方视为自己最重要的人。

"那你知道对方几岁吗？""读哪个学校？""家里都有谁？"美珍对于这些最基本的问题一个都回答不出来，却能斩钉截铁地跟我说："但他真的是全世界最懂我、最爱我的人。"

美珍因为寂寞转而向网络寻求温暖，随着现代网络交友的便利性，青少年发生性行为的年龄也逐渐下降。许多研究指出，当家庭气氛较为温暖、亲子间的沟通较为顺畅，父母能提供较多的支持，青少年过早发生性行为的概率就较低。所以家人的情感也是影响孩子是否会过早发生性行为的关键之一，良好的亲子沟通能促进家庭的亲密感，使孩子融入家庭，更愿意与父母讨论性话题，避免接收错误的性知识。

父母的身教、言教都会潜移默化影响孩子对性的态度，对孩子适当的监督是必须的，但不要过于严厉或过于放纵，家长

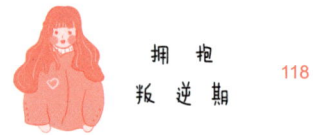
必须掌握孩子的行踪及交友状况，避免孩子从事危险活动。家长可通过平常的谈心时间多与孩子们聊聊，让孩子感受到关爱，在假日期间安排家庭聚会活动，增加与孩子相处的机会，增进家庭各成员间的联结。当父母越了解孩子，孩子发生性行为的概率就越低，面对性话题，与其一直避而不谈，不如好好引导孩子说出心里的想法与感受。

✳ 与孩子一起讨论性知识

如果没有一个适当的途径来认识性，孩子就会通过错误的途径来获取相关信息，同学之间错误的性观念也会影响孩子对性的态度，加上中国的性教育偏于保守，孩子们往往只能从这些途径获得已被误导或扭曲的性知识。

父母在跟孩子谈性话题之前，可以先问问自己对性的态度与想法，聆听孩子对性的好奇与感受，利用社会新闻或电影来跟孩子讨论，鼓励孩子说出自己的想法。

"你觉得性行为是什么？"

"性对你的意义是什么？"

"最近新闻上出现了好多'小妈妈'，你怎么看？"

"如果是你，你会跟他一样这样做吗？"

"如果你的身边有朋友这样，你会怎么帮他？"

带孩子从不同角度去思考，让孩子知道青少年的性行为除了要面临法律、怀孕及性病的问题外，最重要的是两人的感情也一定会受到影响，更何况还要面对学业、生活以及外在的舆论压力等。

＊　厘清性与爱情的关系

很多孩子也会有对性的疑问："为什么大人可以有性爱，我们却不行？""性爱是不是很浪漫？""两人的关系到什么阶段才可以发生性关系？""婚前可不可以发生性行为？"

"爱我就要给我"，这是很多孩子偷尝禁果的原因之一，美珍一开始也是为了证明对男友的爱与忠诚，在半推半就下献出了自己的第一次。尽管有许多担忧，但为了不让男友怀疑自己对他的爱，美珍还是选择接受了男友的性邀请，加上偶像剧中的男女主角，总是会以接吻或上床的方式来表达爱意，这也让她认为谈恋爱就是要有性，性象征着偶像剧中的浪漫。

"性不等于爱，爱一个人有很多方式，不一定要发生性行

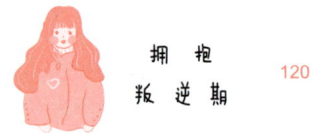

为。"我告诉美珍，当对方心里只有性的时候，这表示对方根本不在乎你的感觉，只想得到生理上的满足。证明爱的方式也不只有性而已，真正的爱情是会让人有亲密感，同时又舒服自在的。在两性关系中要了解自己的感受，建立适当的身体界线，勇敢说"不"，守护自己的身体自主权。在交往的过程中也应该慎选约会的时间与地点，避免与对方单独处于密闭的场合，不使用药物或酒精，也不玩身体接触的游戏。在恋爱关系中划出一个双方能互相尊重的身体亲密界线。

"如果对方真的爱你，就会懂得尊重你，不会因为你不给，他就不爱你。"在两性交往中如果不懂得尊重对方，不懂得倾听自己的声音，那么很容易就会对彼此造成伤害或触犯法律，所以在这充满性信息的网络背景下，进行正确的性教育非常重要。

☪ 给家长的陪伴叮咛

向孩子说明通报的目的。当晤谈中有涉及危险性或法律相关规定时，校方就会有依法通报的责任。通报的目的不是要惩罚孩子，而是为了保护孩子，由于未成年孩子身心尚在成长中，对于性尚无能力做出一个成熟又理智的判断，因此需要通报。

以开放的心态与孩子讨论性。父母在跟孩子谈性话题之前，可以先问问自己对性的态度与想法，再去聆听孩子对性的好奇与感受，可通过社会新闻或电影来跟孩子讨论，鼓励孩子说出内心的想法。"你觉得性行为是什么？""最近新闻上出现了好多'小妈妈'，你怎么看？"带孩子从不同的角度进行思考。

厘清性与爱情的关系。"爱我就要给我"是很多孩子偷尝禁果的原因之一，爱一个人有很多方式，不一定要发生性行为，如果对方心里只有性，这表示对方根本不在乎你的感觉。证明爱的方式也不只有性而已，真正的爱情是会让人有亲密感，同时又舒服自在的。

Chapter 04

人际关系的烦恼

进入成人社会前，
孩子生命里的重要一课

青少年的人际关系问题，不单单只有霸凌，

友情的微妙变化，

也在无形中牵动着孩子的价值观。

这个时期，若能拥有坚固的友情，

不只能为这段青涩的时光带来快乐，

更能为将来步入社会打下基础。

孤单的孩子渴望爱

陪伴，每个人都需要

陪伴，是孩子成长过程中最需要的。

但对现代家庭来说，

陪伴常常是奢侈的，

忙碌的父母、隔代的家庭，

孩子得不到来自原生家庭的温暖，

只好在其他人际关系里寻找。

其实，陪伴真的不难，每个人都能做得到。

"老师啊，多谢啦。"

"我这孙女就不爱读书。"

"我也不知道怎么办才好。"

蕾悦的奶奶一早到辅导室，有点尴尬又有点不好意思，因为孩子今天又无法到校上课了，奶奶不知道该怎么办才好，只好跑来求助老师。

孩子上小学时就时常旷课，父母因长期在外地工作，故无法经常陪伴孩子。她是家中的独生女，平常与奶奶一起生活，但因为奶奶平日也要照顾店里的生意，所以对孙女的管教也是力不从心，只要是孙女提出来的要求，例如买零食、衣服或手机等，奶奶都会尽量满足她，因为这是奶奶疼爱蕾悦的一种方式。

✳ 不知道如何和同学相处

"蕾悦，老师发现你常常请病假在家，你在家里都会做些什么呢？"

"没做什么啊。"

"同学们在学校，你自己待在家里不会无聊吗？"

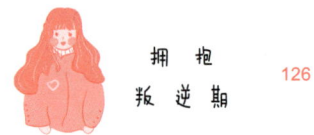

"不会啊，我挺喜欢待在家里的。"

"喔，喜欢在家做些什么呢？"

"玩手机啊，有时候会看电视剧、玩游戏。"

"那你也玩过《极速领域》这个游戏吗？"

"有啊，老师你玩到第几级了？"蕾悦兴奋地回应了这个话题。

我在跟孩子的第一次谈话中，刻意避开了谈旷课、迟到、请假等问题，而是以一份好奇的心来认识孩子，了解她的兴趣及生活作息。她平常在家的时间都是在打手游，但深入了解后我才知道，蕾悦打手游的目的并不在游戏本身，而是在游戏中的聊天室。蕾悦喜欢在聊天室里与认识和不认识的网友们聊天，而且经常一聊就是一整晚。

"你都不会跟家人聊天吗？"

"不会。"

"怎么说呢？"

"没人跟我聊啊，奶奶又听不懂。"

"那你都跟网友聊些什么呢？"

"就一些生活琐事，聊学校的事情。"

"嗯。"

"我在家里很孤单、很可怜，只有手机能陪伴我。"蕾悦突然停顿了下来。

"嗯？"

"其实我不来学校不是因为上网成瘾，是因为我们班同学。"

"你们班同学？"

"嗯，对啊，我真的不知道该怎么跟他们相处。"

✳ 专任辅导老师这样做……

刚开学时，蕾悦觉得大家都对自己很好，也交到了一两位好朋友，但后来她感觉大家开始对自己充满敌意，因为班上有一位"学霸"到处指责蕾悦，说是她把班上的平均成绩拉低的，害得全班被罚。另外，班上也会有一些女同学一直请求蕾悦，叫她帮忙网购包和衣服，女同学们表示因为账号被锁无法购买，所以才请她帮忙订购，蕾悦尽管心里百般不愿意，但因为不知道怎么拒绝他人，所以还是默默地答应了这些要求。她说："班上还一堆人有'公主病'，利用我家有钱，不断地要求我买零食和饮料来学校给大家吃。"

针对这些个别事件，我先教导蕾悦以适当的方式拒绝同

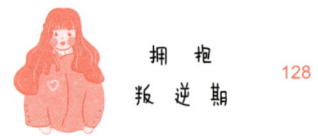

学，如果真的不好意思拒绝，也可以用家人当作挡箭牌，像是
"我的零用钱被没收了" "我妈不准我网购"等，如果同学有
进一步的威胁行为，就一定要请班主任介入处理。

跟蕾悦的晤谈结束后，我询问了蕾悦的班主任对孩子的观
察，这才发现事情并非如孩子说的这样。班主任表示，蕾悦其
实是自己想要买包送给同学，而且会不断地主动请客。班主任
一开始也很纳闷为什么蕾悦要做这些事，后来才发现她是想利
用这种方式来指使同学帮她跑腿、写作业或做值日等，而同学
们为了这些物质享受，也甘愿做她的"小仆人"。当班主任生
气地质问蕾悦为什么要叫同学帮自己写作业时，蕾悦却只会表
现一副很无辜的样子，不停地怪罪别人，甚至直接逃避不来
上学。

✳ 让孩子画下人际树状图

掌握了这些矛盾信息后，我并没有戳破孩子的假话，反而
继续鼓励她分享自己想分享的话题。这天，蕾悦一进咨询室就
画了一张班级的人际树状图，说着这个星期班上发生的事件。
"老师，最近我跟一位同学的互动变多了，但她的控制欲超

强，都不准我跟别人好，后来我发现她根本是别有目的，她是想借我的最新款手机，我不借给她，还会被她骂得很难听。"

接着，蕾悦又重画了一张人际树状图，继续说："我觉得原本跟我比较好的一位同学在忌妒我，因为有一天我跟别班的朋友去图书馆，问那位同学要不要一起去。她说好，但是之后她却在背后说是被我逼着去图书馆的，甚至还在霸凌调查单上写了'被霸凌'，之后老师在全班还调查了这件事情。还有昨天，我把自己的社交账号借给同学，居然被其他同学盗用了，还被栽赃是我在社交网络上骂别人'智障'，真是无语。"

说着说着，蕾悦突然哭了起来："为什么有这么多事情？为什么大家都一直误会我？"

"蕾悦，你说的'大家'是谁？"

"我也不知道，但觉得好多人都敌视我，都觊觎我家有钱。"

"嗯。"

"我觉得我很委屈，必须一直跟朋友解释，我好累。"

"嗯，这样的状态让你觉得很累。"

"对。"孩子继续啜泣着。

"那我们先暂停解释吧，让自己休息一下，看看怎么做比较好，好吗？"

蕾悦点点头说："老师，我很不想去在意那些烦人的事

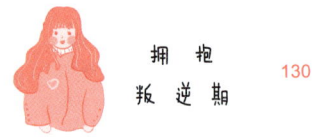

情，也不想心情不好，但为什么一定要强求跟谁好，跟谁不好呢？"

"嗯，那我们先把焦点放到自己身上吧，老师发现你在描述这些事情时，都很少提到自己。"

✳ 提醒孩子看看自己

我开始引导蕾悦把焦点放在自己身上，重新带着她去思考自己在这些事件中的感受及想法。"当你给同学自己的社交账号时，你期待着什么？""当你邀约那位同学去图书馆时，你希望得到什么回应呢？""当你跟别人分享自己有最新款手机时，你的内心又在期盼着什么？"

就这样，蕾悦通过不断反思自己在这些人际事件中的行为，渐渐发现自己对人际需求有高度渴望。因为害怕失败，所以只要一有被拒绝的感受，就会先否定对方，认定对方是有目的或有所企图才接近自己的，同时也会不自觉地将这些人际上的失败合理化为：因为大家都是觊觎我家有钱才接近我，所以我无法维系一段好的友情是正常的。

在原生家庭中，蕾悦最亲密的人就是奶奶。但只要我一提到奶奶，孩子就会很烦躁，她不喜欢奶奶每天都在抱怨，抱怨生活、抱怨她的父母、抱怨这个家。不管她做了什么事，奶奶都会不停地抱怨、碎碎念。尽管奶奶会满足她的物质需求，但她还是希望能搬去跟妈妈住。蕾悦也知道妈妈因为工作的关系，无法照顾自己，有时候连电话都没时间接听，所以只好被动地等待妈妈回来看自己，也因为这样，蕾悦在原生家庭中很需要陪伴。蕾悦的归属感低，人际关系需求高，同时又缺乏良好的人际社交技巧，所以她遇到问题总是习惯逃避，并总认为是别人的错，导致她的人际关系每况愈下，进而影响到校意愿。

＊　陪伴的作用超过你的想象

通过一个学期的固定晤谈，蕾悦很少请假了，身体也不再有任何病痛出现，班主任很好奇地跑来问我对蕾悦做了什么。我告诉班主任我没有做什么，只是每次在与蕾悦晤谈时，让她画一张人际树状图，分享这星期班上发生的大小事。然后我会在这些事件中陪伴蕾悦找出自己的想法与感受，看见自己的人际定位，并与她共同讨论出解决的方法。同时为蕾悦赋能，提

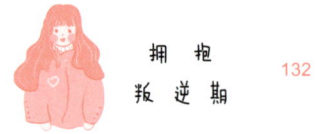
高蕾悦的自我价值感，以一个"不知情立场"邀请蕾悦用自己的语言描述自己的人生经历与生活，积极地担任一个好听众。我会以开放的心倾听蕾悦，再通过不断提问引导蕾悦进行自我探索，看见自己的闪光点并重写自己的人生故事。

如果真的要说我做了什么，那就是陪伴吧，我无法治愈蕾悦生理上的病痛、无法限制蕾悦玩手游，也无法命令蕾悦不准旷课，但我可以营造一个舒适的空间，让孩子尽情地分享、表达，不论是情绪还是想法都可以。在这个空间里没有批评，也没有指责，只有陪伴，陪伴蕾悦面对每一个困难，陪伴蕾悦讨论问题的解决之道，陪伴蕾悦寻找人生的目标与方向，分享她生活中开心与不开心的事。在这些陪伴中有倾听、有同理、有理解，也有接纳，就如同治疗大师罗杰斯所提出的概念，明显而正向的人格改变只会发生在关系之中。

陪伴，本身就充满爱与疗愈，长时间的陪伴也能带来力量和改变，陪伴这件事我们每个人都需要，也都能做得到。

☾* 给家长的陪伴叮咛

利用人际树状图讨论人际关系。每次晤谈，我都会让孩子画一张人际树状图，分享这星期班上发生的大小事，然后在这些事件中陪伴孩子找出自己的想法与感受，看见自己的人际定位，再通过不断提问引导孩子进行自我探索，看见自己的闪光点并重写自己的人生故事。

陪伴的作用能超乎你的想象。我们可以营造一个舒适的空间，让孩子尽情地分享、表达，不论是情绪还是想法都可以。在这个空间里没有批评，也没有指责，只有陪伴，陪伴孩子面对每一个困难，陪伴孩子讨论问题的解决之道，陪伴孩子寻找人生的目标与方向，分享生活中开心与不开心的事。陪伴本身就充满爱与疗愈，长时间的陪伴也能带来力量和改变，陪伴这件事我们每个人都需要，也都能做得到。

当孩子身边没有朋友

拥有良好的人际关系，孩子才能获得支持与认同

当孩子说在学校没有朋友时，

请多多了解原因，并且观察孩子的社交技巧，

这个时期的同学情谊，

不只是孩子在这段成长过程中的支持，

也是孩子步入成年社会的重要基础。

"老师，我都没朋友。"

"我可以每节下课都来找你吗？"

"大家好像都不喜欢我。"

每天的下课铃声一响，嘉柔就会准时到辅导室报到，她因为人际关系问题被班主任转介到辅导室。班主任发现孩子在班上有交友困难，尽管和嘉柔及嘉柔的奶奶谈过很多次，但还是无法解决这个问题。

有一次我与嘉柔谈话结束后，正独自走回办公室，路上遇见嘉柔的同学，同学们一提到她就不停地抱怨，你一句我一句的。同学们认为班主任不公平，明明都是她的问题，为什么要怪其他人不跟她交朋友，还逼其他人主动去跟她说话，甚至是找她一起玩。

"嘉柔平常在班上都是自己一个人吗？""她在班上有没有关系还不错的朋友？""同学对她的接纳度如何呢？"人际关系问题一直是青少年辅导中常见的话题之一，在这个阶段中，青少年对同学的依赖度非常高，孩子会借由同学关系在团体中找到隶属、认同与地位。良好的同学关系能增进孩子的社会能力发展，在遭遇困难时，孩子也能获得协助并得到情绪上的支持，有利于孩子未来更顺利地进入成人社会。

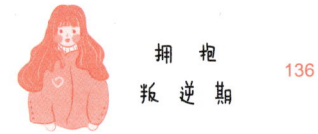
✻ 找出孩子被排斥的原因

为什么有些孩子的人际关系会不好呢？相信很多人都会有这个疑问，人际关系问题绝对不是单一因素所造成的，在我的实际工作经验中，大致可将人际问题因素分为三大类。

第一类为"个人特质"，与孩子本身的性格特质有关。有些孩子天性害羞，不敢与人亲近；有些孩子个性火爆，经常口出恶言、与人发生冲突；有些孩子比较自我，容易成为大家眼中的"自大王"。

第二类为"生活管理"，缺乏良好的生活习惯，像是乱丢垃圾、卫生习惯不佳、借东西不还等，或是经常性迟到、缺交作业。这些行为累积起来都有可能引起同学们的负面印象。

第三类为"社交技巧"，缺乏正确的社会互动技巧，不知道怎么跟人沟通，不知道怎么解决人际冲突，不知道怎么表达自己的感受与想法。

面对这些被拒绝的孩子，我们一定要先搜集资料，借由观察来找出孩子的问题所在，有机会的话也可以直接跟孩子互动来发现其问题根源。

"老师，你在干什么啊？"

嘉柔盯着我的电脑屏幕，好奇电脑上的所有资料，但她的这些举动经常会把我吓到，因为她常常不经过我的同意就直接拿起我的手机、笔记本，或是在走廊上直接牵起我的手，把我挤到墙角边说着班上同学的各种小秘密。

嘉柔的内心是想要与人亲密、亲近的，但同学们无法接受她的这种热情，对同学们而言，这些举动会让人感到厌恶。同学们会认为她就是个爱说别人秘密、爱向老师打小报告，以及爱偷看别人隐私的人。

"嘉柔，你要拿老师的笔之前，应该要先问过老师吧？"

"喔，老师，我等一下要考试，你可以借给我笔和橡皮擦吗？"

过了一天我问："嘉柔，我昨天借给你的笔和橡皮呢？"

"啊？老师，我忘了带，明天还你。"

过了一周我又问："嘉柔，我上星期借给你的笔和橡皮呢？"

"啊？我又忘了，我明天一定还。"

好几天后她还是忘记带笔和橡皮，于是我有点严肃地问："你是不是也会像这样常常跟同学借东西不还呢？"说完后，她终于在第二天归还笔了，但笔盖和橡皮都不见了，可能是因为害怕被我责备，她把笔丢在桌上后就转身离开，没有任何的解释或道歉。

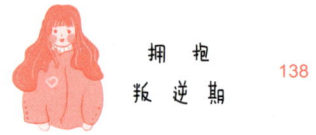
在跟嘉柔的互动中，我发现了好几个会导致嘉柔人际关系变差的原因，包括掌握不好人与人之间的界线、爱告状、爱说闲话、经常忘东忘西、借东西不还，以及把别人的东西弄丢等，这些都是我可以跟孩子去深入讨论的人际关系问题。

✳ 专任辅导老师这样做……

我在协助孩子提高人际交友技巧之前，会先告诉孩子："不会交朋友是正常的。"因为交友技巧本来就需要学习，没有人天生就懂得如何交朋友。

✳ 依照孩子的特质帮其认识人际界线

以嘉柔为例，首先是人与人之间的界线问题。我必须先让她认识"人际界线"。人际界线指的是每个人都会有的专属"人际距离"，我们必须先找到让自己感到舒服且有安全感的人际距离，然后允许别人可以靠自己多近或多远，人际界线是影响我们人际关系好坏的关键。

带着孩子找到她的人际界线类型后，我发现她的人际界线比较偏向于依附类型。有些孩子可能是因为成长过程中有不被重视的经历，所以渴望被看见、被关注，希望能得到别人的喜爱与认同，因而放弃自己的界线，依附在他人身上。在找出孩子的人际界线类型后，就可以对症下药协助孩子拥有自己的独立界线，同时享受界线的重叠，发展出健康的人际关系。

其次，是爱告状与爱说闲话。这是许多青少年最反感的行为，但偏偏很多孩子都会做出这类行为。孩子们爱告状的原因有很多，有些孩子是为了得到老师的认同，借此讨好老师，在老师面前表现自己以得到鼓励，为自己打造一个好孩子的形象。有些孩子则是希望同学可以改进，想借由老师去协助同学改掉不好的习惯或行为。这时我们可以先肯定孩子有良善的动机，然后鼓励孩子以尊重的态度直接向同学表达自己的关心，借此促进孩子与同学之间的人际互动。

＊ 协助孩子建立良好的生活习惯

除了以上两项偏个人特质的类别外，嘉柔也有"生活管理"上的问题需要改进。

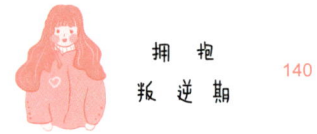

忘东忘西与借东西不还。这类问题就必须从孩子的自我管理方面下手，有些孩子就是记忆力差，明明上一秒才交代的事情，下一秒就可以忘得一干二净。记忆力通常跟专注力有关，我们可以通过一些训练专注力的活动，像是禅绕画，让孩子提升专注力。除了协助孩子提升专注力外，也可以协助孩子建立良好的生活习惯，例如：准备一本日计划行事笔记，可与联络簿合并或分开使用，将每天必须做的事情以及必须带的东西写上去，在每天固定的时间检查、确认。

针对嘉柔常常弄丢别人东西的问题，除了建立良好的生活习惯外，也要训练其收纳及管理能力。我们可以设置一个区域或位置，让她把物品集中管理，减少翻找物品的时间，同时也可以准备便利贴提醒，在上学前再检查一遍。当孩子真的把同学的东西弄丢时，也要鼓励孩子勇敢面对，真诚地向同学解释并道歉，如果不敢开口，也可以利用卡片或纸条的方式代替。

✳ 学习最适合的社交技巧

找出孩子的人际关系问题，教导其正确的人际互动技巧后，我们也需要特别留意某些孩子会因为人际关系挫败而变得更加退缩，选择以逃避的方式来避开人际互动。

　　针对下课时间常常跑来辅导室的嘉柔，在接住她的焦虑、给予她一个喘息的空间后，我会鼓励她回到班上去，因为在人际关系中，"曝光率"也是相当重要的。友谊的建立就跟爱情一样，经常出现在大家的面前能增加其好感度，想要拥有良好的人际关系，第一个条件就是要增加自己的"曝光率"。不知道怎么跟同学聊天也没关系，但至少要让同学们在下课时间知道自己的存在，让自己随时掌握同学们的最新话题。

　　人际社交技巧的基本态度包含真诚，以诚恳的态度与人相处，学习尊重他人、倾听他人、关心他人，欣赏自己与同学的优点，并适时给予赞美。人际社交技巧没有最好的方法，只有适不适合这个孩子的方法，借由平常与孩子的互动去发现孩子的人际关系问题，并且通过示范来教导其正确的人际社交策略。

C∗ 给家长的陪伴叮咛

　　人际问题三大因素。第一类为"个人特质"，与孩子本身的性格特质有关；第二类为"生活管理"，缺乏良好的生活习

惯，像是乱丢垃圾、卫生习惯不佳、借东西不还等；第三类为"社交技巧"，缺乏正确的人际社交技巧，不知道怎么与人沟通，不知道怎么解决人际冲突。

带孩子划出自己的人际界线。人际界线会影响人际关系的好坏，每个人都有一个专属的"人际距离"，我们必须先找到让自己感到舒服且有安全感的人际距离，然后允许别人可以靠自己多近或多远，划出自己独立的人际界线，同时享受人际界线的重叠，发展出健康的人际关系。

社交技巧的学习。在人际关系中"曝光率"也是相当重要的。友谊的建立就跟爱情一样，经常出现在大家面前能增加其好感度。人际社交技巧的基本态度也包含真诚，以诚恳的态度与人相处，学习尊重他人、倾听他人、关心他人，欣赏自己与同学的优点，并适时给予赞美。

面对霸凌，我们还要知道的事

霸凌者与被霸凌者的一线之隔

除了家庭，

孩子们待的最久的地方就是学校，

朝夕相处的班主任，对孩子们来说是一个重要的存在，

拥有良好的师生关系，

是孩子健康成长的关键之一。

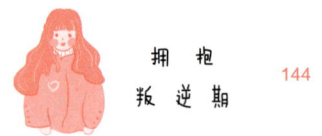

"怎么办？文志现在很害怕上学。"

"昨天晚上茜茜在网上被文志骂了。"

"茜茜一直坚持要告文志。"

班主任焦虑地跑到辅导室描述霸凌事件的整个过程，但根据班主任平常对文志的观察，文志的本性并不坏，只是讲话不过大脑，常常惹来别人的白眼。经过详细调查，班主任发现文志是因为在网上看到网友说茜茜是"大姐头"，觉得好玩后就复制"大姐头"在班级群里，并加上"很疯""很厉害"等字眼，文志没想到事情会变得这么严重，现在他很担心，也很害怕会被告上法院。

✳ 受害者的反击型霸凌

"他凭什么这样骂我?!我就是要告他。"茜茜愤怒地说着。不同于以往的被霸凌者，她有股强烈的愤怒感，并表示自己握有足够的证据，绝对可以告文志，而两人之前并没有任何的交集或私人恩怨。茜茜的母亲到校了解情况后，也希望能再给文志一次机会，因为这是单一事件，且文志有很深的歉意，但茜茜就是不愿意接受。

　　"我不要，我就是要告他，我已经有人证、物证了。"

　　"茜茜，老师发现你有一种很想报复的心态？"

　　"对。"

　　"你希望告他之后能得到什么结果吗？"

　　茜茜想了一下说："让他怕。"

　　"让他怕？"我进一步厘清茜茜想让文志怕的目的。

　　"因为我觉得他不是真心诚意道歉的，我觉得他是因为怕被告才向我道歉的。"

　　"除了告他，你还有没有其他办法也可以达到这个目的呢？"

　　"没收他最爱的球衣，然后把他的道歉公布在网上。"

　　"但这样的行为已经超乎事件本身了。"

　　经过进一步的了解后，我发现原来茜茜不想放过文志，是因为她在小学时也有被霸凌的经历，但当时她没有勇气说出来，身边也没有任何大人可以依赖，所以她将文志一起视为那些过去的霸凌者，想以这种具有报复性、侵略性的方式来保护自己。

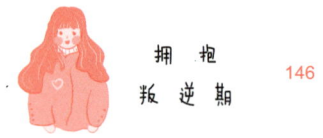
＊ **专任辅导老师这样做……**

近年来校园霸凌事件频发，根据调查显示，近半的孩子在遭遇霸凌事件时会选择不告诉家长，因为怕父母担心、怕事情越处理越糟糕，以及怕父母跟老师或同学发生冲突。

＊ **学习面对困难的能力**

为了避免被霸凌者日后也变成霸凌者，用一种报复的心态来修补自己的创伤，反而成为欺负他人的"小霸王"，我们必须重视被霸凌者的伤痕，让孩子知道我们是愿意倾听的。当孩子有需要的时候随时可以找我们，教导孩子如何正确对抗霸凌行为，发展出自己的能量来拒绝霸凌者。"你最不喜欢同学对你做些什么？""当他们这么做的时候，你会怎么回应？哪些做法是适当且有效的？""还有没有其他办法呢？"

让孩子拥有面对困难的能力，找出自己的生存模式，并提高孩子的社交技巧能力，面对他人的挑衅时，可以把对方的情绪与自己分开，必要的时候离开现场，不接收霸凌者的"情绪垃圾"，以降低霸凌者的期望感。从生活中学习肯定自己，接纳自己的优缺点，以提升自我价值感。在这次事件中我也鼓励了茜茜，能够在第一时间求助并清楚表达自己的感受与想法，这是一种很珍贵的能力，证明了她已有足够的能力去保护自己。

在晤谈的最后，我带着茜茜一起回顾本次事件，让孩子去思考"道歉"这件事。同样是道歉行为，每个人的解读会不一样，班主任可能会认为文志的道歉是因为知道错了，所以道歉。文志会认为自己的道歉是想表达后悔与弥补，所以道歉。然而茜茜却认为文志的道歉是因为害怕被告，逼不得已。所以最后我邀请两人面对面会谈，让茜茜有机会去听听文志想怎么表达自己的"道歉"。

✳ 吸取犯错后的教训更重要

"我看到有网友说你是'大姐头'，觉得好玩，就跟着起哄，对不起。"文志站起来向茜茜鞠躬道歉，并说出了自己做出这种无理行为的原因。茜茜面对文志这突如其来的举动也有点吓到，但还是有一点点的为难，犹豫着说："可是，我的朋友叫我不能放过你。"两人陷入了尴尬的沉默。

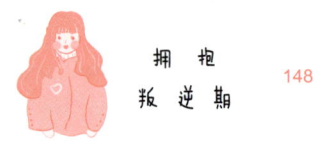

148

　　"文志，茜茜看到那些文字会很受伤，不能因为好玩就随便骂人。"

　　"茜茜，文志很诚心诚意地道歉，是真的希望可以弥补自己的错误。"

　　我带着两人一同感同身受，同理对方的感受。文志一开始没有认知到这样的行为会带给别人伤害，所以之后他愿意道歉、弥补。茜茜的目的也只是希望能看到文志真诚地道歉并不再犯。于是我告诉他们："知错能改是件很不容易的事，每个人都会犯错，最重要的是吸取犯错后的教训，希望茜茜可以再给文志一次机会。"

＊ 霸凌者的情绪也很重要

　　在与两人会谈后，我单独找了文志谈话，我也很在乎他的心情，因为茜茜前几天还是把文志私信给她的道歉文公布在了班级群中，并标注"坏蛋"。因为文志是霸凌事件中的加害者，所以他不敢有任何反抗的声音，但他面对这件事还是会焦虑、担忧，甚至还会做噩梦，害怕茜茜会反悔，然后去告自己。

"文志，这件事情已经处理到一个阶段了，那些你担心、害怕的事都不会发生，但你以后一定要三思而后行，避免同样的事件再次发生。"

有些被霸凌者就像茜茜一样，认为强力的反击才能巩固自己的权利，但殊不知在这反击的过程中，自己也成了霸凌者。所以在跟霸凌者谈话前，我都会先调整好自己的心态，以一颗空白的心来邀请孩子谈话，先假设孩子有充足的理由这么做。在聆听的过程中也不要随意下结论或评价，如此一来，我们才有更多的空间跟孩子讨论是非对错，让孩子知道什么样的行为会构成霸凌。如果我们一开始就把孩子视为可恶的加害人，那么孩子也只会对你充满敌意。

❋ 情绪管理能力与社交技巧需提高

网络霸凌事件层出不穷，很多孩子都有在网上被骚扰、攻击，或是被恶意批评的经历。首先，加强孩子的法治观念是必须的，现在因网络的方便性，孩子们只要动动手指就可以发文，在游戏中辱骂队友等，这些都可能会构成侮辱罪及诽谤罪，所以必须让孩子了解法律规范，避免触犯法律。

其次，了解霸凌者背后的行为动机，了解孩子们背后的需求与渴望。有些孩子可能是因为在学校学习成绩不佳，不想被轻视或贬抑，所以选择实施霸凌行为来获得权力与地位。面对这类孩子，我们必须强化孩子的其他正向活动，以协助孩子获得正向的关注。

第三，协助孩子进行情绪管理。霸凌者普遍较容易冲动、急躁，所以在不知道如何宣泄这些情绪的状态下，可能就会寻找弱势者来发泄怒气。要协助孩子认识并觉察自己的情绪，找到适合自己的宣泄方法，做正确的理解，避免将别人的行为进行带有敌意的解读，采取对立立场。

最后，提高孩子的人际社交技巧。面对人际冲突不以暴制暴，允许别人跟自己有不同的意见，建立适当的人际距离与行为规范，让孩子们清楚哪些行为是被允许的，哪些行为是不被允许的。

造成霸凌的原因有很多种，有些来自家庭的暴力模仿，有些来自孩子不懂得宣泄自己的情绪，有些则是希望引起注意以获得地位，有些甚至是反击型的霸凌类型。但不管是哪一种类型的霸凌行为，都需要家长、学校与社会一起来协助孩子，共同预防霸凌事件的发生。

C* 给家长的陪伴叮咛

避免孩子成为反击型霸凌者。为了避免被霸凌者日后也变成霸凌者，以一种报复的心态来修补自己的创伤，我们必须重视被霸凌者的伤痕，让孩子知道我们是愿意倾听的。当孩子有需要的时候随时可以找我们，然后教导孩子如何正确地对抗霸凌行为，发展出足够的能量来拒绝霸凌者。

吸取犯错后的教训更重要。我带着加害者与被害者同理对方的感受，加害者承认一开始没有认知到这样的行为会带给别人伤害，觉得很抱歉，也愿意道歉、弥补，于是我也告诉被害者，知错能改是件很不容易的事，每个人都会犯错，最重要的是在犯错后吸取教训。

如何与霸凌者沟通。在跟霸凌者谈话前，我都会先调整好自己的心态，以一颗空白的心来邀请孩子谈话，先假设孩子有充足的理由这么做。在聆听的过程中也不要随意下结论或评价，让孩子知道什么样的行为会构成霸凌，加强孩子的法治观念，同时了解霸凌者背后的行为动机，协助孩子提高其情绪管理与社交技巧能力。

女孩之间的小团体

不只是个性问题这么简单

面对孩子在学校遭遇到的霸凌事件，

家长的漠视与不以为意都会间接强化霸凌行为，

女孩之间的"关系霸凌"，

更需要家长与老师深入了解每个孩子行为背后的原因。

　　"喂，辅导老师您好。"

　　"您好，请问您是？"

　　上午十点钟，我接到一个来自某班主任的电话，班主任觉得妮君在班上的人际关系有问题，希望我能跟她好好聊一聊。

　　"嗨，妮君，你好。"下课时间一到，孩子就出现在了我的座位后方，身体不断颤抖，似乎刚刚才哭过，于是我带她到咨询室休息，递了几张纸巾给她，等待孩子情绪稳定下来。

　　"我在班上原本有两位好朋友，但我不知道为什么她们突然都不理我了。"妮君一边啜泣一边说。上周五老师在音乐课上要求分组时，她的两位好朋友突然毫无预警地拒绝与她同组，害得妮君成为班上唯一落单的人，她很害怕下次她们又不跟自己一组，于是泪水不断掉下来。

　　"是不是我不够好？哪里做错了？"孩子不断地自责，陷入一种自我否定的情绪当中，"老师，我现在只想哭不想笑，是不是生病了？"妮君在小学的时候就跟这两位朋友最要好，不管做什么事她们都会一起行动，三个人也没有吵过架，但这几天两位好朋友除了对她不理不睬外，还变本加厉地拉拢其他同学一起排挤她，甚至还出现恶意的言语攻击。

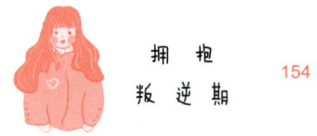

✳ 我只是想要有个人陪

　　"我爸妈都叫我忍一下就好，可是我只是想要有个人陪，能融入班级而已，谁都好。"妮君的眼泪还是不停落下。她担心班主任的处理方式会让两位好朋友更讨厌自己，认为自己就只是个爱告状的爱哭鬼，而妮君的父母也认为这是孩子的个性问题，所以妮君也渐渐不愿意再跟父母提起学校的事。

　　"面对这些孤单，你肯定每天都很紧绷，很不好受吧？"

　　跟妮君谈完话后，刚好班上最近也出现了撕课本事件，互撕课本的这两位女主角，正是她的好朋友淑惠与丽芬，所以我也分别约谈了她们。她们疏远妮君后被冠上了"霸凌"之罪，两人之间也开始闹得不愉快，互看对方不爽，于是"分裂"后的两人各自在班上寻求其他同学的认可，组成小团体，互相排挤、攻击对方。

✳ 她们就是在说我

　　"其实我很不喜欢在班上搞小团体的""我是被迫跟着丽芬一起疏远妮君的""她就是突然不喜欢妮君啊，也在背后开始讲我的坏话""那些现在跟她好的人都是表面的，有人偷偷跟我抱怨她是个双面人"。

"我根本没有要排挤妮君""妮君很黏人，让我压力好大""淑惠在外面一直诬赖我讨厌妮君""同学和补习班的朋友都跑来问我了""淑惠根本就是个'心机女'，整天在背后说我的坏话"。

由于淑惠和丽芬都在批评对方，所以我直接将我的质疑同时传达给两人。

"你有听到淑惠（丽芬）在说你霸凌妮君吗？"

"有啊，别人跟我说的。"

"那你怎么判断这是真的呢？"

"真的啊，因为她每次跟别人讲话时都一直朝我看过来，窃窃私语的。"

"那你也会在背后跟别人说淑惠（丽芬）的坏话吗？"

"当然不会，有时候是她自己要站在我前面的，还自认为我在讲她，但我是在聊自己的事。"

"原来如此，所以淑惠（丽芬）聊天时朝你看过来也不一定是在讲你了？"

其实这三个人都没有想要恶意排挤或霸凌任何一方，但三个人同时都接收到了被排挤的信息。当某一方觉得自己的人际

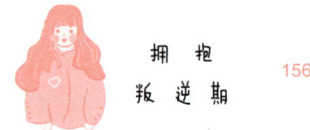

关系陷入危险时，就会赶紧寻找班上的其他同学组成新团体，以避免自己成为落单的人。在新的团体中，孩子们又会刻意疏远其他团体，负面解读对方的行为，怀疑对方是在讲自己的坏话，是在攻击自己，努力找出对方的把柄，以防止自己成为下一位被孤立的人。而在这过程中，因为妮君较为内向、被动，就成了那位最显著的"受害者"。

✳ 专任辅导老师这样做……

　　青春期的女生在人际交往中比男生更容易发展小团体模式，小团体可以带来归属感，让人感到满足，但同时也容易带来问题，使得自己里外不是人。当团体间的猜忌越来越多，关系就会越来越恶劣。孩子们在青春期容易出现"假想观众"现象，会认为自己是他人注目的焦点，并且认为每个人随时都在注意自己的外表与行为，然而实际上并没有这样的观众存在。所以当其他同学在小声聊天时，妮君、淑惠和丽芬可能就会认为对方是在讨论自己，是在说自己的坏话。

　　过度的小团体意识对班级会产生不良影响，团体之间容易有排他性，例如"你跟我好就不能跟他好"，这会使得团体之间更加相互对立，不善交际的孩子容易在这之中被孤立。如果我们没有仔细观察并掌握孩子之间的这种关系，是很难发现问题所在的。

有别于男孩之间的"肢体霸凌"，女孩们更喜欢"关系霸凌"，通过与其他同学结盟一起来排挤某位同学，使得弱势者在没有任何关系的联结下，被拒绝在团体之外。而"关系霸凌"中也存在着许多旁观者，这些旁观者并不会直接加入霸凌的行列，但也不会提供任何的援助，这会使得被霸凌者更加无助与无力，对自己丧失信心。

✳ 我们都是霸凌的"共犯"

旁观者的沉默会助长霸凌行为，通常旁观者可能会有以下几种心态。

第一，认为被霸凌者本身就有问题，"她一定很讨人厌，所以才会没人喜欢她，活该"。

第二，认为事情没这么严重，"不就只是没人跟她同组而已嘛，哪有这么严重啊"。

第三，担心自己成为下一个受害者，"如果我帮她，会不

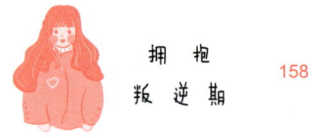

会下次就变成我跟她一起被孤立"？

面对"关系霸凌"，身为大人的我们可以怎么协助呢？根据调查显示，有超过九成的家长担心自己的孩子在校园中被霸凌，但也有三分之一的家长从来没有跟孩子讨论过霸凌问题，有四成的家长在得知孩子遭遇霸凌事件后，并没有做特别的处理，多数家长期待校方处理，也有的家长会选择以暴制暴或建议孩子忍让，还有的家长认为这是孩子自己的个性问题。

大人的漠视与不以为意都会间接强化霸凌行为，我们必须要有敏锐的观察力，观察孩子的情绪变化，主动觉察孩子的异常行为。班主任也应该避免直接在班级中公开审问："为什么没人跟妮君同组？"或是"再让我知道有人刻意排挤别人的话就试试看。"面对"关系霸凌"，我们可以先私下找孩子聊聊，了解孩子希望老师怎么协助。同时肯定孩子求助的勇气，接着通过与霸凌者的谈话，了解霸凌者行为背后的目的与企图。很多霸凌者往往都是因为更害怕自己成为被排挤的对象，所以才更用力拉拢其他人以形成团体，以消除自己内心的不安与焦虑。

不论是"关系霸凌"中的霸凌者还是旁观者，除了让孩子认知这些行为的伤害性之外，也要培养孩子的同理心。培养同理心需要通过不断练习，细致地帮孩子找出生命中可联结的相关经历，才能引导孩子由内而外换位思考，提升彼此互相尊重的正向心态，例如："如果今天你被孤立了，你的心情和感受会怎样？"

✳ 为自己点一盏灯

"妮君，你当初为什么会想跟淑惠和丽芬做朋友呢？"

"因为我功课有问题的时候，她们都会很细心地教我。"

"那你觉得她们喜欢你什么呢？"

"可能是因为我很温柔、很善良吧。"

"嗯，所以这是你很棒的特质，也是你所拥有的优点。"

面对"关系霸凌"中的受害者，除了赋予其勇气、教导孩子如何自我保护，以及如何寻求协助之外，我也会避免让孩子陷入以偏概全的自我否定当中，我会引导孩子发现自己的优点，以及协助孩子在人际关系上改进不足的地方。以妮君为例，她也发现了自己在人际相处中容易过于依赖他人，一不小心就会侵犯到别人的隐私权。所以我们也一起讨论了，当妮君想找同学聊天时，可以先确认对方是否有空，避免打扰到对方。妮君同时也观察到那些好人缘的特质，比如，很愿意主动

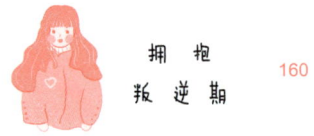

帮助别人、称赞别人，这都是她可以去学习的地方。

最后我也带着妮君去回想当初互相成为朋友的那份欢喜，看看自己拥有的特质，重新聚焦在自己的闪光点上，然后我邀请妮君抽一张"增能卡"送给自己。她抽到了"做自己的超人，用微笑击败挑战"。卡片上的盾牌就像是妮君的优点一样，可以保护自己，可以让自己被看见，还可以吸引更多喜欢自己的朋友。

C* 给家长的陪伴叮咛

青春期的"假想观众"。孩子在青春期容易出现"假想观众"现象，会认为自己是他人注目的焦点，并且认为每个人随时都在注意自己的外表与行为。然而实际上并没有这样的观众存在，所以当其他同学在小声聊天时，孩子就容易认为对方是在讨论自己，是在说自己的坏话。

避免成为霸凌中的旁观者。霸凌中的旁观者并不会直接加入霸凌的行列，但也不会提供任何的援助，使得被霸凌者更加无助与无力，进而丧失信心。通常旁观者可能会认为被霸凌者本身就有问题，这件事情没这么严重，或是担心自己成为下一个受害者。

　　如何协助被霸凌者与霸凌者。我们可以私下先与受害者聊聊，了解孩子希望老师怎么协助，同时肯定孩子求助的勇气。通过与霸凌者的谈话，了解霸凌者行为背后的目的与企图，很多霸凌者往往都是因为更害怕自己成为被排挤的对象，所以才更用力地拉拢其他人以形成团体，以消除自己内心的不安与焦虑。

Chapter 05

情绪洪流的威力

面对、掌握并且学会调节情绪，
是成长过程中的重要课题

不论是大人还是孩子，都有情绪。

大人有时尚且失控，

更何况是正处于身心转变的青春期孩子。

愤怒、悲伤、忧郁……

每种情绪都有调节的方式，

也都有背后的成因。

倾听与陪伴，永远是最好的方式。

开心不起来的孩子

每个人都有忧郁的时候，这是很正常的

面对孩子的忧郁，

抽离情绪的陪伴与倾听是最基本的，

家长需要放下焦虑和老师合作，

善用工具和技巧，

带着孩子面对心魔，

顺利走出忧郁的深谷。

"老师，拜托，我不想回教室。"

"可以让我当咨询室的装饰品吗？"

筱云只要一踏进教室，就会出现很大的情绪反应，今天早上的复习考试也是在医务室里完成的。医务室和辅导室目前就是她得以暂时喘口气的避风港。

"我最近常常做噩梦，看见地底下的另一个自己拿着刀在乱砍。"

"老师，对不起，我觉得自己很没用，什么优点都没有，我就是开心不起来。"

孩子不断流着眼泪，拿着这几天写的遗嘱给我看，却说不出自己忧郁的真正原因。

我同理着筱云的痛苦，告诉她："没关系，我看见你被困住了，被忧郁的情绪困住，它不断地反复出现，让你快撑不下去了。"我将她的无助说出来，让孩子知道"我看到了，也感受到了"。

"每个人都有忧郁的时候，这是很正常的，忧郁不是你的错。"

"我们的心就像身体一样，会生病，当你习惯把事情都累积在心底时，我们的心就会累积太多垃圾，溢出来的时候就容易溃堤、撑不住，这代表它需要好好地被照顾。"

我将筱云的忧郁情绪跟她本身分开，让她不要自责，不要因为自己的忧郁情绪而有罪恶感，因为心会生病是正常的。我也告诉她会一直陪伴她："心也是会康复的，它不会一直都这样，所以这是可以度过的，我会陪着你一起度过的。"

✳ 专任辅导老师这样做……

到底该怎么倾听呢？我们都知道要倾听、陪伴孩子，但哪些话该说，哪些话不该说？很多时候明明都陪伴孩子了，为什么孩子还是没有好转？

世界卫生组织公布二〇二〇年影响全球数十亿人口的三大严重疾病，抑郁症名列第二。台湾地区自杀防治中心也表示，自杀为现代青少年的第二大死亡主因，二〇一七年就有超过六千名青少年自杀的通报，其中抑郁症、感情因素和家庭问题，是排名前三的青少年自杀的主要原因。

＊　帮助孩子将情绪具体化

面对这些被情绪困住的孩子，我们可以借由"情绪卡"的辅助，来协助孩子整理情绪，让孩子挑选出自己的感受，因为很多时候当我们询问孩子"怎么了"，孩子自己也搞不清楚，最多只能说出"不好""不舒服"等感受。

"在这个噩梦里，你很愤怒、很沮丧吗？"

"梦里的画面还有谁？他们之间发生了什么事？"

通过情绪卡，我让筱云将这些噩梦具体化，说出当下的感受是什么以及那些人是谁，然后请她说说自己和这些人的关系。当孩子渐渐可以描述出心中的愤怒后，我就能进一步去跟她谈谈这些愤怒。

如果我们不理会情绪，那情绪就会一直不断地影响我们的生理及心理，最后产生身体上或精神上的疾病。在倾听孩子的情绪时，也可以利用评量问句来协助孩子觉察自己的情绪强烈程度。"以一到十分来看，你的怒气是几分？""这件事情的压力指数是几分？"

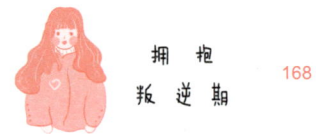
✳ 陪伴者的关心造成的压力

孩子不愿意或是很难向父母求助，有时候是因为父母得知后，第一反应或第一句话就是"不要想太多""小孩子有什么好烦恼的""你们就是玻璃心，抗压性不够"等。父母会认为这只是青春期的叛逆行为，不需要小题大做。还有些父母则是过度紧张与焦虑，"怎么办""怎么会这样""这是不是有病"，反而让孩子感到更多的压力。

"你一定是被霸凌了吧？如果你再不去学校，干脆去精神病院算了！"爸爸对着筱云怒吼着。

"根本没有人霸凌我，是我自己在教室里就会情绪不好！"她也激动地对着爸爸大吼。

面对孩子的忧郁情绪，爸爸一直急着找出原因，但这份关心让孩子感到非常有压力。他每天都在问孩子有没有吃药，在学校有没有被欺负，并把孩子的忧郁都怪罪于学校，甚至直接打电话质问班主任。有一次，筱云的爸爸还很生气地打电话到学校，指责是我不让孩子去学校，要把我告到教育局去。当时我也很错愕，完全不清楚怎么回事。事后才明白原来是因为孩子前几天情绪特别不稳，下课时间都会跑到四楼的栏杆上，为了避免孩子发生危险，我和班主任决定先根据筱云的状况，让孩子请假休息一天。

　　面对筱云爸爸的误解，我很生气，也很难过，但整理情绪后，我开始去思考为什么他会讲出这些话？为什么他会有这些情绪？这才发现，原来是我太急着讨论问题了，忘记先停下来倾听爸爸。面对家中有忧郁情绪的孩子，家长的身心一定更煎熬，他们也会害怕、恐惧，害怕孩子出事，害怕孩子被放弃。而筱云爸爸将这些害怕转为愤怒，于是把学校当成一个宣泄的出口。后来当我再跟筱云爸爸谈话时，他也诚心诚意地向我道歉，诉说着自己长期累积在心中的压力与负担。

　　作为忧郁者的陪伴者，我们必须做到"情绪抽离"。对于筱云的辅导，我也曾经感到彷徨、无助，好像不断给予孩子支持、陪伴后，孩子还是无法再继续往前走了。但当我把自己的情绪再重新整理好后，就又会有新的能量去陪伴孩子，让自己更沉稳地、不慌不忙地陪伴孩子，不再担心能给孩子什么，也不再因为找不到孩子忧郁的原因而焦虑。

＊　倾听与陪伴的技巧与真谛

　　邀请孩子分享心情时，我们可以用肯定句来做邀请，因为

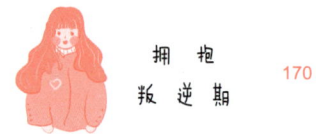
当我们在句子中加上"要不要""好不好"时，很多孩子会直接回应"不要""不好"，如果以"还好吗"来表达关心，孩子也都会说出较封闭性的回应，像是"嗯""还好"。这可能是因为孩子怕我们担心，也可能是因为孩子根本不知道从何说起。

如何表达关心，同时又不会让对方感到压力呢？我们可以让孩子知道，我们已经发现了他的失落，然后释放出我们愿意倾听他的信号，像是"最近的你比较沉默，如果想要聊聊，我可以陪你"。在倾听孩子的时候要用心去倾听，观察孩子所说的、所表现的，让孩子知道"我听到了"。不需要去质疑或评论孩子，因为倾听本身就具有疗愈效果，我们只需要让孩子尽情地宣泄内心的委屈与不满就好，然后在倾听中回应自己所观察、所感受到的，例如"我感受到你很难过，因为你很在乎别人怎么看你"。

很多家长最常犯的错误就是直接给予安慰或意见，像是"不要难过""不要去在乎别人的眼光"，这样的说法只会让孩子继续把自己的情绪压抑下来，无法让孩子得到适当的宣泄。当家长真的很想分享自己的意见或经验时，可以利用对话来做邀请："我有不同的想法，你要不要听听看？""如果这么做会不会更好？"

✳ 善用"奇迹"问句，让奇迹发生

"筱云，谢谢你的勇敢，告诉了我你的这些痛苦。""如果有一天醒来，你发现这些问题都解决了，你觉得你的生活跟现在比会有什么不一样呢？""这样的改变，有可能是因为你做了什么事？""你是怎么办到的？"我用了"奇迹"问句，让她去想象问题解决后的样子，并说出心中所期待的结果。

"我看到了一位穿着黄色小洋装，戴着草帽，在草原上创作的小说家。"

"喔？那位小说家有什么不一样的地方吗？"

"很温柔，可以为别人着想。"

"那小说家是怎么办到的？"

"把面具拿下来，不再把自己藏起来。"

"嗯，如果小说家想送给你一句话，那会是什么呢？"

"有些事如果不做，根本就不会实现。"

筱云很喜欢写作，写作的时候可以让她感到开心又自由，就像是进入了自己的小世界一样，不用在乎旁人的眼光，所以当她再次陷入忧郁情绪时，我鼓励她通过写作来纾解情绪，转移注意力。另外，我也跟班主任一起讨论孩子的状况，请班主任在孩子特别不想说话时，给予其适当的弹性空间。

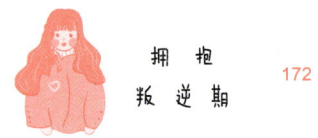

毕业前夕，筱云的状况逐渐好转，可能是因为大考结束后没有压力，也可能是因为期待着高中的新生活。在毕业的第二天，她专门回来看我，她告诉我："老师，我还是不知道当时的自己怎么了。但老师你说的每一句话在我心中的力量都是很强烈的，尽管当时的我都做不到。"

我不知道筱云何时走出来的，但我知道我们的陪伴对她来说是很重要的。忧郁情绪或抑郁症就像大脑与心智感冒了一样，是一种失去健康的状态，但并不是一件可怕的事，在适当的药物和心理治疗下都是可以好转的，所以身为一位陪伴者，请务必先好好照顾自己，这样才能给出有品质的陪伴。

☪ 给家长的陪伴叮咛

心会生病是正常的。每个人都会有忧郁的时候，这是一件很正常的事，忧郁不是孩子的错，我们的心就像身体一样会生病，当我们习惯把事情都累积在心底时，心就会累积太多垃圾，溢出来的时候就容易溃堤、撑不住，这时候代表它需要好好地被照顾。

协助孩子将情绪具体化。面对这些被情绪困住的孩子，我们可以借由"情绪卡"的辅助，来协助孩子整理情绪，让孩子挑选出自己的感受。倾听孩子情绪时也可以利用评量问句来让孩子觉察自己情绪的强烈程度，例如："以一到十分来看，你的怒气是几分？"

倾听与陪伴的真谛。用心倾听，观察孩子所说的、所表现的，让孩子知道"我听到了"，不要去质疑或评论孩子。因为倾听本身就具有疗愈效果，我们只需要让孩子尽情地宣泄内心的委屈与不满就好，然后在倾听中回应自己所观察、感受到的，例如："我感受到你很难过，因为你很在乎别人是怎么看你的。"

自残的孩子，其实是在求救

足够的关心与爱，就能抚平孩子身心的伤痕

当家长发现孩子有自残的行为时，

更需要冷静下来，

只有先稳住自己的恐慌，

我们才能接住孩子的自残行为与无助，理性地面对孩子，

让孩子感受到安全与信任。

"等等，你的手臂怎么红红的？"

"这是伤口吗？"

"你用什么东西划的？"

庭安一如往常地晃到辅导室来，在我们聊得正起劲时，我突然瞥见孩子的左手手臂上有一小片红红的，仔细一看是一条一条伤痕。这些伤痕有深有浅，我惊觉不对劲，立刻问了她："你左手手臂上那一道一道的伤痕是怎么回事？"孩子连忙遮住手臂上的伤口，转身要离开，我立刻抓住庭安的手，仔细观察，确认就是美工刀刀片所划出来的伤口。这时孩子慌慌张张地向我解释："是刚刚上课无聊划的，老师你不要这么大惊小怪的。"

"真的没有发生什么事吗？老师很担心你。"

"老师，真的没什么事，我有时候无聊就会划一划。"

"那这是第一次划手臂吗？"

"不是，以前就有过了。"

庭安第一次划手臂是在小学的时候，一开始是因为看到班上有同学自残，觉得好玩又好奇，所以开始模仿。第二次是在初一的时候，因为跟家人起了一个很大的争执，于是想拿刀划一划看心情会不会好一点。后来只要心情不好她就会划手臂，且力道一次比一次重，有时候还会将一道一道的伤痕连成一

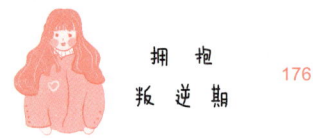

圈，让它流出一点血来。

在知晓孩子有自残行为后，我赶紧报告给学校并告知家长。庭安的父母非常惊讶，爸爸出现愤怒、排斥、难以接受的情绪，大发雷霆地怒斥着，命令庭安不准再做出这种行为。而庭安的妈妈则是自责又内疚，不断责备自己没有照顾好孩子，没有及时觉察到孩子的身心状况。

"我爸妈根本就不懂我，也不会想听我说的。"

"那你愿意跟老师说吗？你希望被听见的声音是什么？"

❋ 专任辅导老师这样做……

大部分的家长都跟庭安的父母一样，发现孩子有自残行为后，因为过于焦虑与恐慌，会选择用责备的语气来批评、回应孩子。但身为孩子的重要他人，我们更需要冷静下来，告诉自己会有这些情绪和反应是正常的，先稳住自己的恐慌后，我们才能以平和的心态面对孩子的自残行为与无助，理性地面对孩子，让孩子感受到安全与信任。此外还要去听听孩子想表达什么？孩子希望我们听见哪些需求与困难？孩子自残行为的背后是否隐藏着什么信息？

"每次当我心情不好时，我就会拿美工刀划手臂，看到血流出来会让我变得比较平静。""我喜欢用右手去割左手，因为右手比较有力。""我觉得割手不会痛啊，也没有感觉，看到血流出来会觉得很爽、很舒服，什么事都不用想，好像时间就这样静止下来了。"

对庭安来说，割手臂能带来好的感受，可以抚慰当下的负面情绪，暂时减轻心理上的痛苦，割手臂的动作可以让自己转移注意力，进而感觉到平静。许多自残者无法宣泄情绪时，就会刻意伤害自己的肉体，以制造身体上的痛觉来转移心理上更痛苦的感受。这种掌控感与解脱感，容易导致自残者在下一次感到心烦时再次自伤，大部分的自残者都不希望被家人发现自残行为，会极力地隐藏伤疤及相关证据。但自残者同时又渴望得到家人的关注与爱，于是常常陷入矛盾的情绪与痛苦当中。

✳ 孩子为什么要自残

"爸妈的眼里和心里都只有妹妹而已，根本不会心疼我。"庭安还有一个妹妹，妹妹非常好动，所以父母的心力都在妹妹身上，庭安觉得妹妹只会撒娇装乖，让父母把焦点放在

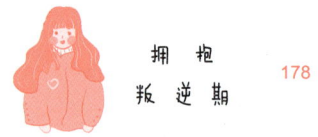

她身上。最有印象的一次就是她跟妹妹去公园玩，两人不小心都跌倒了，庭安撞到膝盖流血，妹妹只有轻微的小擦伤，然而父母当时只在乎妹妹有没有受伤，还对庭安发脾气，这让她心里很不是滋味，为此耿耿于怀，认为自己是孤独的、不被爱的。

自残行为由许多心理与社会等相关因素互相影响着，包含个人因素、家庭因素与学校因素。在个人情绪上，可能是遭遇到重大的生活压力事件，如受暴、受虐、丧亲、分手等创伤。因缺乏适当的情绪表达途径，选择用极端的方式来发泄心中强烈的情绪与压力，借此释放自己的无助与愤怒。孩子在解决问题的过程中感到挫败，就容易产生忧郁感与挫败感，进而出现自残行为。

在个人认知上，当孩子发现自残行为可以转移注意力，获得立即性的宣泄与暂时性的解脱时，就会变得更加依赖自残来消除内心的负向感受，逃离负面的情绪与记忆，在痛苦的过程中获取被爱的联结，以疼痛的方式来感觉自己的存在。自残行为就像烟酒一样容易上瘾，一旦孩子通过自残行为获得内心的满足后，就容易重复出现，以不适当的自伤模式来适应生活中的各种问题，形成恶性循环。

在家庭因素方面，许多研究皆显示家长在孩子成长中扮演重要的角色。负向的沟通方式容易产生不良的亲子关系，也容易导致孩子在成长的过程中缺乏安全与信任的依附关系。孩子在家庭中的寂寞感越强，自残行为的比例就越高。家庭中的父母婚姻关系不和谐，孩子得不到温暖的情绪支持与陪伴，也会感到孤单、自卑。父母无暇顾及孩子的各种需求，导致亲子关系更加疏远，家庭充斥着批评与冲突，也会加剧孩子以错误的方式来求助与解压。

学校中有些孩子也可能会因为好奇而模仿自残行为，误以为这是所谓的"潮流"，将自残行为作为一种炫耀来引人注目。孩子面对学校中沉重的课业压力，也可能会效仿同学的自残方式来宣泄情绪。有些孩子则是希望通过自残行为来向外界求助，传达内心的无助与困难。

✳ 十分钟的替代行为

"当你又出现自残的念头时，先给自己十分钟做点别的事情。"

暂时保管庭安的美工刀后，我鼓励孩子在出现自我伤害的念头时，先以十分钟为单位，以不同的正向替代行为来宣泄情

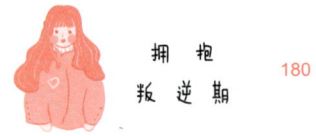
绪。停止自我伤害的首要条件就是要先阻断恶性循环，然后采用渐进式的方式来削弱自残行为。想感觉到痛的时候，可以用伤害比较小的替代行为来产生痛感。例如：将冰块按压在手臂上，尝一点辣椒或胡椒，涂抹薄荷、清凉油、风油精等转移注意力，或是用力拍打桌面。在需要转移注意力的时候也可以通过运动、跳舞等活动来消除负面情绪，甚至在想看到血的时候，也可以用红笔画在手臂上，制造出一丝丝血丝的样子。

十分钟的替代行为后，再带着孩子觉察自己当下的情绪。"当时的感觉是什么？""为什么会想自残？""除了自残，还有哪些方法可以消除这些痛苦？""不自残后的感觉是什么？""下次怎么处理会更好？"……

✳ 建立情绪照顾清单

"难过的时候，除了割手，还可以做些什么呢？""做什么事情会觉得心情好一点？"利用例外问句来协助孩子找出自己的正向解压方式，我们可以先让孩子想一想，什么时候难过的情绪会少一点？当难过没有这么困扰自己的时候，是在做什么？找出孩子不被负面情绪困住的时刻，建立起自己的情绪照顾清单。

"请你利用一分钟的时间，列出心情不好时会怎么做。"我请庭安尽可能列举出来，一分钟过后，请孩子看一看自己的情绪照顾清单有几项。每个人的情绪照顾清单都不同，放松的方式与效果也因人而异，对庭安来说，听一些柔和的音乐，跟着旋律唱歌、冲热水澡、找朋友聊天讲话、到户外走走、睡个觉，或是做做白日梦等都会让她感觉不错。

每个人自我照顾的方法也都不一样，只要这个方法可以让自己感觉好一点，都可以是我们的情绪照顾清单。忧郁的时候，可以做些放松身心的事：喝杯热牛奶、泡泡澡、闻点精油香氛等。生气的时候，可以做些激烈的体力运动：捶打枕头、布偶，拳击沙袋，撕报纸，呐喊尖叫或跑步等。借由运动、绘画和音乐来调节身心，这些都是释放压力的良好媒介，有助于正面情绪的累积，延缓负面情绪的恶化。

"老师，谢谢你，在我心情不好的时候，我现在都会一个人去跑跑步。"学期结束后，庭安再也没有出现自残行为了，她表示自己除了原本的听歌、唱歌外，现在也很爱跑步，有时候还会牵着家里的狗一起散步。班主任也觉得庭安开朗了许多，她在学习上充满干劲，有了新的目标，希望未来可以考上自己喜欢的动画设计专业。这样的目标与期望让庭安的学习进步神速，变得更有自信，也更有能量去面对生活中的各种情绪与压力。

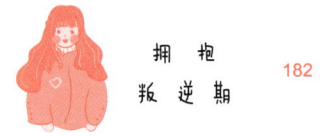

C* 给家长的陪伴叮咛

自残行为产生的因素。孩子的自残行为由许多心理与社会等相关因素互相影响着，包含个人因素、家庭因素与学校因素。孩子缺乏适当的情绪表达途径，在家庭中的寂寞感越强，自残行为的比例就越高。孩子也可能会因为好奇而模仿自残行为，将自残行为作为一种炫耀来引人注目，或是通过自残行为来向外界求助。

十分钟的替代行为。当孩子出现自我伤害的念头时，鼓励他先以十分钟为单位，以不同的正向替代行为来宣泄情绪。停止自我伤害的首要条件就是要先阻断恶性循环，然后采用渐进的方式来削弱，然后再带着孩子回头觉察自己当下的情绪与感受。

建立情绪照顾清单。"难过的时候，除了割手，还可以做些什么呢？""做什么事情会觉得心情好一点？"利用例外问句来协助孩子找出自己的正向解压方式。每个人的情绪照顾清单都不同，放松的方式与效果也因人而异，但只要这个方法可以让自己感觉好一点，都可以是我们的情绪照顾清单。

当孩子想要离开这个世界

先稳住孩子的情绪，再慢慢打开心房

自杀一直位于青少年十大死因前列，

因此当孩子出现焦虑、忧郁、沮丧等情绪，

变得沉默或退缩，

或是出现破坏等好斗行为，

在生理上有失眠等状况，

身边的大人们就得多多留意。

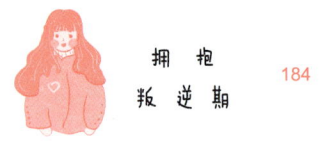
"这是你们最后一次看我留言了。"

"我明天就会离开了。"

"再见。"

志祥一早无故未到校,家里电话打不通,家长手机也无人接听,班主任觉得情况不太对劲,同学赶紧拿了昨天晚上志祥在班级群里上传的一段话给班主任看,班主任一看吓傻了,连忙通知辅导室与政教处。

由于志祥之前就是我的二级辅导个案,我们已建立不错的信任关系,所以我很快联系孩子在校外的朋友帮忙,最后终于在学校附近的河堤边找到了他。

✳ 最危急的前三十分钟

"志祥!志祥!你还好吗?"

孩子坐在地上抱着膝盖,看到我们后情绪变得非常激动,不断大吼着:"你们不要过来。"接着孩子躺在地上啜泣:"反正你们也只是叫我回去上课而已,离我远一点,走开!"我担心孩子的情绪过于激动,所以没有再继续往前走,"好,志祥,我不靠近,那我可以坐在旁边陪陪你吗?"我与他保持着一段距离，然后不停地叫着他的名字，希望能借由志祥对名字的敏感度来打断他当下的负面情绪。

"今天的河堤很美，风吹来也很舒服。""你坐在这里多久了？会不会冷？"不论我说什么，孩子都没有回应，于是我开始进入自言自语模式，试着转移孩子的注意力，使他被动暂时抽离负面情绪，然后我也营造了比较轻松的氛围，让他的情绪能有些缓和空间。"志祥，虽然我不知道你发生了什么事，但我知道你会在这里，一定是有什么事情让你很难受。"我揣摩并同理着他的情绪，待孩子的情绪逐渐冷静下来。"我们一起回辅导室好吗？你不用急着回教室上课，我很在乎你怎么了，我会等你准备好了再来开口谈。"

✳ 专任辅导老师这样做……

当孩子陷入极度负面的情绪时，我们可以先想办法转移孩子的注意力，可通过不断地叫名字来引起注意，或是陪孩子说话。如果孩子愿意说就静静听孩子说，如果孩子不愿意说，那就由我们来开启话题，这些话题也都必须避免引起孩子更大的情绪波动。先陪孩子度过情绪风暴最危急的前三十分钟，待孩

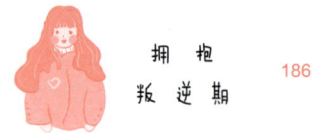

子的情绪缓和后，我们才有机会进入问题核心，与孩子讨论这些情绪的成因。

✳ 自杀风险评估

"我觉得人生没有意义，家里根本没有人在乎我，也没有人重视我。"志祥表示昨天晚上一个人在房间的时候，突然觉得人生没有希望，没有任何的意义，于是走到了阳台传信息给同学们。因为不想待在家里，也不喜欢这个家，所以他计划今天就要离家出走，但走到了河堤边，想到昨天有同学一直劝自己不要冲动，于是就坐下来冷静一下。只是没想到手机开机之后，有这么多信息和电话涌入，一大群朋友都在找自己，这让他很讶异，也有点开心。

"老师很开心你没有做出冲动的事。"我再次肯定了孩子，也强化大家对他的关心与担心，我告诉志祥，"我们都很在乎你。"

由于志祥在班级群里上传的信息具有自杀意念，所以我先对他进行自杀风险评估，判断他目前处于自杀风险的哪一阶段，是低度、中度还是高度？除了有自杀意念外，是否还曾经出现过自杀倾向或自杀行为？借着一系列的评估问题来确认孩子的自杀计划已落实到什么程度？是否有立即自杀的危险？"是什么时候开始出现自杀意念的？""自杀意念持续了多久？""自杀意念出现的频率高吗？""是在什么事或什么地方出现自杀意念的？""曾经想过用什么方法来自杀？""是否求助过？""是否已经准备好自杀了？""最后没有做出自杀行为的原因是什么？"……

＊　延缓孩子的自杀冲动

进行自杀风险评估及相关通报后，我也跟志祥签了一份"不自杀契约"，与孩子约定好当自己又情绪低落时，做些其他事情来缓和自己的自杀意念，借由契约来降低他执行自杀行为的冲动。"不自杀契约"的目的是在为孩子争取更多时间以减少自杀危险，并非解决问题的方法。孩子在签署契约书后也并非一定就不会自杀，所以我也陪着志祥讨论面对负面情绪的其他方法，当自己又陷入负面情绪时可以做些什么？如果身旁有人可以聊聊天、说说话，可以暂时停止这些负面情绪，于是我们在"不自杀契约"中写下出现自杀意念的时候，可以联络

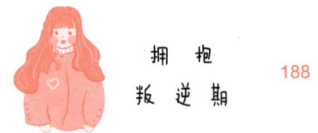
谁？身边有哪些可利用的资源？

✳ 简式健康量表

根据统计资料显示，十五岁至十九岁的孩子自杀死亡率近五年来有升高趋势，且逐渐低龄化。自杀一直位于青少年十大死因前列，孩子出现自杀倾向的原因包含感情、人际、情绪等因素。因青少年人格尚未发展成熟，又处于寻找自我认同的阶段，独立又依赖，这导致青少年在价值观的形成中容易有错误的认知扭曲。他们面对生活中的各种困难时缺乏弹性思维，容易焦虑、忧郁、沮丧，变得沉默或退缩，或是出现破坏等好斗行为。在生理上也可能有生理机能失调，出现失眠的症状，对人生感到无望。

当孩子出现这些"求救信号"时，有些家长会误解成孩子只是想获得关注，因而忽略、错失了拯救孩子的黄金时期。我们必须多加留意孩子，在生活中是否会突然对日常活动失去兴趣，提不起劲，成绩全面退步，反复出现抽烟、喝酒或服用药物等不当行为。近年来许多孩子的自杀行为都跟忧郁有关，要多加关注孩子是否常常出现愤怒、负面又消极的言语，是否容易感到疲倦、没有食欲，甚至出现拒学、沉迷网络等现象。

评估孩子的自杀危险性，还可以通过台湾大学李明滨教授等人研发的"简式健康量表"来快速了解孩子的身心健康状态，帮助我们发现孩子的心理照护需求。如果量表的分数偏高，就需要进一步协助孩子就医或是转介给专业人士进行治疗。

✳ 修正孩子的认知扭曲

"如果志祥真的这么做，我会很心疼，我也一直叫他把心事说出来，但他都不愿意说。"妈妈非常自责，但因为父母在外地工作，长期不在身边，所以志祥从小就觉得自己是被丢弃的、不被爱的，进而有了扭曲的认知。例如"我是多余的""我一定是个废物""做什么事都没意义"等非理性信念，而这些非理性信念也导致他不断有负面的情绪困扰出现。

根据认知行为治疗学派的研究发现，人们的心理困扰通常来自认知历程，人们对事件的诠释会造成其产生心理困扰，这些情绪困扰通常来自自动暗示及自我鉴定，进而使人出现忧郁的症状，包含自我批判、悲观主义和绝望感。志祥的情绪困扰

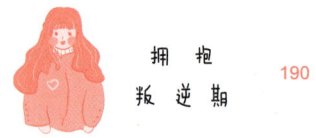

部分来源正是这些负面的认知，包含独断的推论、选择性的抽象化、过度类化、夸大或贬低、个人化、标签化及二分法思考等。所以我带着志祥去辨识自己的非理性信念，并修正其扭曲的认知，以进行认知重建。

✳ 增强保护因子及优势

"嗯，我在这次运动会上为班里赢了很多奖牌。"除了辨识自己的非理性信念外，我也试着在志祥的生活经验中找出其个人优势，强化志祥的保护因子，通过他在学校的正向表现来强化其正向成就，提高自尊心，让他更有能量和信心去面对生活的挑战及困难。

"嗯，我这个假日有主动炒菜给爸妈吃。"同时我也邀请志祥的父母一起合作，鼓励孩子在生活中做出一点改变，为孩子赋能，强化他对生活的胜任感与控制感，并促进孩子与家人之间拥有良好的情感联结。

自杀是一连串过程后的结果，陪伴这类孩子的过程煎熬又漫长，我们必须随时注意孩子发出的求救信号，避免错过黄金时期。同时辨识出孩子的自杀危险因子，强化孩子在个人与环境中的保护因子及个人优势，并给予正向的情绪支持与陪伴。
家长也必须与学校保持良好又密切的合作，在有需要的时候随
时与老师、医生或心理咨询师讨论辅导策略，以协助孩子顺利
度过自杀危机。

C* 给家长的陪伴叮咛

最危急的前三十分钟。当孩子进入极度的负面情绪时，我
们可以先想办法转移孩子的注意力，可通过不断地叫其名字来
引起注意，或是陪孩子讲讲话，陪孩子度过情绪风暴最危急的
前三十分钟。待孩子的情绪缓和后，再进入问题的核心，与孩
子讨论这些情绪的成因。

自杀风险评估。借着一系列的评估问题来确认孩子的自
杀计划已落实到什么程度？是否有立即自杀的危险？"是什么
时候开始出现自杀意念的？""自杀意念持续了多久？""自
杀意念出现的频率高吗？""是在什么事或什么地方出现
自杀意念的？""曾想过用什么方法来自杀？""是否求助
过？""是否已经准备好了？""最后没有做出自杀行为的原因
是什么？"……

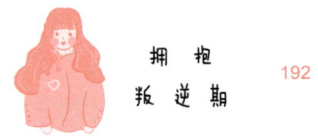
　　修正认知扭曲并增强保护因子。人们对事件的诠释会造成其产生心理困扰，这些情绪困扰通常来自自动暗示及自我鉴定，可以利用对话来协助孩子辨识自己的非理性信念，修正其认知扭曲，以进行认知重建。除此之外也要在孩子的生活中找出其个人优势，以强化孩子的保护因子。

沉默也是一种表达

孩子有可能只是不知道该怎么说

面对沉默的孩子，

家长或老师需要跟着孩子的步调走，

认同孩子的沉默也是一种表达，

这些沉默都透露了一些信息与意义，

给孩子空间，

避免落入质问的模式，

找出孩子沉默背后的原因。

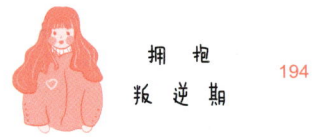

"不知道。"

"都可以。"

"还好。"

智扬终于挤出了一些话，尽管只有短短几个字而已。

智扬是被班主任转介过来的孩子，在小学时有一些不良的记录，喜欢玩电脑、玩手游。每当班主任要跟智扬谈话时，他都以"嗯嗯，还好"等敷衍带过，这让班主任非常愤怒，不知道他在想什么，也认为这样的回应方式是很没礼貌的行为。

"你平常放学回家都在做什么呢？"

"不知道。"

"那你喜欢玩什么游戏？"

"都喜欢。"

每次跟智扬会谈时，我仿佛就像是在跟一面墙壁说话一样，孩子没有表情，也没有情绪，总是两眼放空地看着我，我与他无法交谈、无法对话，我也无法从对话中去搜集他的个人情况。

智扬的妈妈也抱怨智扬对她爱理不理的，让她非常头痛，甚至开始猜测会不会是因为智扬上小学时被欺负过，所以才导致他把自己的心都关闭起来。"唉，那孩子根本不想说话，我能怎么办？"

✻　专任辅导老师这样做……

带着这个线索，我把焦点放到智扬上小学时被欺负的事件上，但他对这件事毫无印象。接下来我在跟智扬妈妈的某次对谈中，又听到了她抱怨："有一次我问他为什么没带书包回来，结果他斜眼看了我一下，这是什么意思啊？这孩子怎么会这样？如果你跟别人说话，别人不回答你，还斜眼看你，你会有什么感受？总之我很生气。"

✻　回答总是不超过十个字

"智扬妈妈，我知道你是担心智扬，但先不要指责，我们先了解一下原因。"我提醒智扬妈妈先不要去指责孩子，尽管妈妈的用意是希望孩子能注意到"不说话"这件事，可能会引起别人的不满，但在那个当下，这样的提醒对智扬来说可能意味着教训和碎碎念。

"智扬，我发现不管我问你什么问题，你都会说'不知道'，你刚刚已经说了二十次'不知道'了。"面对智扬的沉默，我用了一个比较轻松的方式来回应，我让他知道"我可以

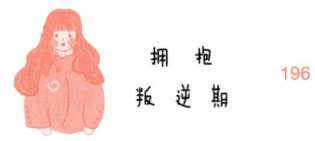

接受你的沉默，但我也会等你开口"。然后我给他取了一个绰号叫"不知哥"，这意外让气氛变得活跃起来。当智扬又不小心说出"不知道"这三个字时，也笑了出来。

"智扬，你会不会觉得老师一直问你问题很烦啊？"

"不会。"

"真的吗？"

"嗯，可以出来谈话不错。"

"不会觉得厌烦？"

"啊，不知道。"

在智扬好不容易有了其他回应时，我不小心又犯了一个大错，让智扬瞬间又回到原本习惯的回应模式，但也因为这样，我发现了他在不确定自己的回应是否正确时，就会选择这种比较安全的"标准答案"来保护自己、免于犯错。于是我开始重新思考智扬沉默背后的原因，那些他习惯的口头禅"不知道""都可以"，或许就是因为他担心自己说错话，长期对自己缺乏信心。

"老师……"

"嗯？怎么了？"

"你可以一句话不要超过十个字吗？不然我会觉得你在唠叨。"智扬突然提出了这个要求，让我惊讶又开心，因为这是他第一次说这么多话。于是我们打了一个很有趣的赌，如果接下来我说的一句话超过十个字就要请他喝饮料，但如果智扬回应超过十次的"不知道"，就要请我喝饮料，就这样我们终于在会谈中有了"同步"的感觉。

为了与智扬有更多的对话，我邀请孩子一起写交换日记，但如果他在日记中没有想法时，我也不会继续追问，我会让孩子自己开启话题。有一次孩子写下了："上课好无聊，头好痛，想睡觉。"看到这样的文字，很多家长一定会马上指责"上课无聊就抄笔记啊""头痛就是因为你玩手游""谁叫你不早点睡"等，但我没有，我只给出了关心与担心："还好吗？头痛多久了？好好休息。"就这样，在我们实施交换日记后，我发现智扬在晤谈中的话比以前多了很多，他也开始会对我感到好奇，反问我问题。

＊　孩子的心并不沉默

"你希望自己在哪些地方有哪些进步呢？"

"不知道，我不在乎。"

尽管我们有了对话，但智扬对任何事物还是都漠不关心，

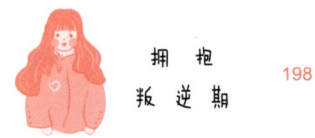
直到某一次我忍不住问他："为什么你这么不在乎自己？"

我们陷入了沉默，智扬低着头一言不发，但这沉默中似乎也出现了一点变化。"你这么不在乎自己，是不是觉得没有人在乎你？没有人关心你？""你不懂为什么妈妈要选择另一个家庭？自己好像被抛弃了。""不懂为什么妈妈还要生下你？""所以你才选择麻痹自己去逃离这一切？"听完这些话，智扬难过地哭了起来。

这是我第一次碰触到孩子的心，原来那是缺乏爱的创伤，原来狂打游戏只是为了想麻痹自己，原来不在乎自己只是因为觉得没有人在乎自己。这是我第一次看到智扬掉眼泪，也是第一次觉得这孩子没有那么"空"，或许这也是有人第一次真正说出他埋藏在心中的感受吧。

花了一年半的时间陪伴智扬，我才真正碰触到他的心，打破了这一年半只有"还好""不知道"的回应模式，我拍着他的肩，坚定地告诉他："你是值得被爱的，你是值得拥有爱的，虽然我不知道未来会怎么样，但至少现在让我陪着你，我们一起往前走走看。"而智扬的妈妈在知道这件事后也非常错愕，原来孩子不是因为小学时被欺负才封闭自己的，原来妈妈每次想与智扬聊天，智扬都不回应，甚至发脾气，是因为"生妈妈的气"。

❋　沉默的四种状态

面对沉默的孩子，我们总是希望孩子能赶快说出自己怎么了，好进入沟通阶段。沉默的孩子可分为以下四种状态。

第一种状态为孩子需要更多的安全感及信任感。就像智扬一样，因为害怕自己无法回答出大人期待的答案，担心自己的回应被指责、批评，所以干脆不回应，放弃与外界沟通。可能是因为孩子对我的信任感还不够，也可能是因为那些话题会触及他的创伤，所以他选择保持沉默。于是我试着放慢速度，让他感到安全又舒适，并跟着他的步调走，告诉他："不用紧张，不用害怕，也不用担心对与错。"

第二种状态是不善于表达，需要更多的引导。沉默的孩子不见得是不说话的孩子，很多时候这类孩子是不知道怎么说，不知道怎么描述内心的想法。有些青少年的表达能力较弱，无法清楚地陈述内心的感受，有些青少年则是个性较为内向，不善于言谈。以智扬为例，他比较擅长以写的方式来表达内心的感受，所以在会谈中我加入了交换日记的方式来增加与他沟通的机会，协助孩子传达出内心真正的感受与想法。

第三种状态为需要沉淀的空间。孩子可能此时此刻正在消化刚刚所发生的一切，正在体验某种情绪与感受，反复沉淀你

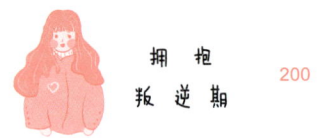

所说的话或某件事的意义。所以面对这类孩子，我们先不用打断他，真诚地陪伴并表达关心即可。

第四种状态为抗拒与逃避。孩子的沉默可能是一种无声的抗议，孩子用沉默来表达对我们的厌烦、不满，就像智扬一样，因为感受不到自己存在的价值，所以不在乎任何事，在潜意识中拒绝思考，让自己进入一个空洞又沉默的世界。

面对沉默的孩子，切记要跟着孩子的步调走，不急、不躁、不慌。孩子的沉默也是一种表达方式，这些沉默都透露了一些信息与意义，是什么原因让孩子们不想讲、不敢讲、不愿意讲，或是不知道该怎么讲？在找出孩子沉默的原因前，真诚地接纳孩子，给予孩子沉默的空间，在孩子愿意说话时认真地倾听、回应，不急着给予评价、建议或谴责，避免掉进一个质问的模式，如此一来我们就有机会进一步了解孩子，与孩子建立一个良好的沟通途径。

C* 给家长的陪伴叮咛

沉默的四种状态。孩子的沉默可能是因为需要有更多的安全感及信任感，也可能是不擅于表达，需要更多的引导，或是孩子此时此刻正在消化刚刚所发生的一切，体验某种情绪与感受。孩子的沉默也可能是一种无声的抗议，利用沉默来表达对我们的厌烦与不满。

　　孩子的沉默也是一种表达。面对沉默的孩子，切记要跟着孩子的步调走，不急、不躁、不慌，这些沉默都透露了一些信息与意义。"是什么原因让孩子们不想讲、不敢讲、不愿意讲，或是不知道该怎么讲呢？"在找出孩子沉默的原因之前，我们只需要真诚地接纳孩子，给予孩子沉默的空间即可。

陪孩子面对死亡

面对亲人离世，大人与小孩都需要安抚

面对家中亲人离世，

大人沉浸在悲伤之中，

可能无暇顾及孩子的情绪，

或是觉得不需要跟孩子多解释什么。

但是，只要是人都会有情绪，

成长中的孩子更需要学习如何应对，

尤其是亲人离世这样的重大伤痛。

"老师，我想找你聊聊。"

"我觉得我一直无法放下。"

"我不知道到底该怎么告别。"

某天下课后，秀娴突然走到我的旁边，失落地看着我，并主动要求约谈，我带着孩子到咨询室坐了下来，她深叹了一口气后缓缓说出："我的爷爷离开我了。"

秀娴的爷爷在上个月发生了一场严重的车祸，不治身亡。从爷爷离开后到现在，孩子一直无法释怀，经常梦见爷爷，对于爷爷的突然离世，她有很多复杂的情绪，包含难过、惊讶、心痛、焦虑、生气等。她每天都睡不好，对所有的事都失去了热情，甚至开始怀疑自己是否得了抑郁症。

孩子跟爷爷的关系很好，从小就是由爷爷一手带大的，在爷爷过世之后，家里人为了遗产整天吵吵闹闹的，秀娴不能理解为什么大人都只在乎这些东西。没有任何一位大人跟自己好好聊过爷爷过世后的心情，所以她也只能将这些情绪一直放在心里。

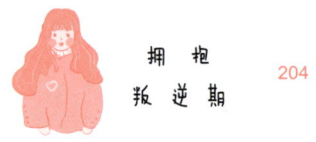
✳ 让孩子多说说

"秀娴，你能不能跟我说说有关爷爷过世这件事情呢？"
第一次面对死亡，孩子的内心有很多想法和情绪。死亡是一件
很悲伤的事，然而有很多大人觉得不需要跟孩子说太多，或是
不知道怎么跟孩子们谈，有些大人则是自己都还在悲恸中，根
本无心去留意孩子的情绪与状态。

我让秀娴有机会完整地谈谈爷爷过世这件事，从听闻、知
悉、看到、送别到最后参加祭奠的过程。"当你听到爷爷遭遇
车祸送医后，你的第一个反应是什么？""在你脑中闪过的念
头是什么？""你去医院看到爷爷后，你在想什么？""爷
爷能说话吗？跟你说了什么？""参加祭奠后，你觉得如
何？""身边的其他人还有其他情绪吗？"……

✳ 专任辅导老师这样做……

秀娴回忆着整个过程，不停地啜泣："我第一时间以为这
是假的，觉得是骗人的吧？""平常都是爷爷负责接我上下
学，在车祸当天变成姑姑接送，当我听到爷爷发生车祸时也

完全不敢相信。""当我到加护病房看到爷爷的时候，我好生气、好害怕，我想找出到底是谁撞爷爷的？为什么他不第一时间救爷爷？"接着秀娴开始指责每一个人，甚至责备起自己。"但我也只能守在加护病房外，为爷爷祷告，祈祷爷爷能好转，但最后爷爷还是离开了，我的心就像被捅了一刀，好痛、好痛"。

＊ 哀恸的五阶段反应

面对哀恸事件，人们通常会有五个反应阶段。

第一为否认、不敢相信。"这不是真的吧？"就像秀娴一样，第一时间听到消息时先否认，先将自己隔离起来，以避免面对突如其来的意外、无法掌控的悲痛、灾难性与冲击性的事件。

第二为愤怒、怨天尤人。"为什么这件事会发生在我身上？"我们在经历否认后，就会将内心的冲击与挫折向外投射，引发强烈的愤怒感及罪恶感，开始不断责怪每一个人，甚至是责怪起自己。

第三为讨价还价、祈求奇迹出现。"如果爷爷康复了，我

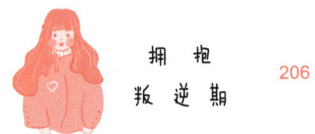

就会好好读书。"在愤怒完之后，我们会开始祈求，祈求奇迹出现。有些人会寻求自己的宗教信仰，有些人则会开始许下承诺，"如果……我就……"，出现了一种讨价还价的行为。

第四为忧郁、自责、沮丧。人们会开始不断思考"人活着有什么意义"？在这个阶段，我们知道了就算讨价还价也无法扭转事实。深沉的悲痛、懊悔、无助与绝望，使我们对生活失去热情，对任何事物感到麻木，忧郁的情绪让我们变得脆弱，严重者甚至会出现自杀的念头。

最后经过漫长的岁月沉淀，可能是数月或数年，我们会开始接受这个事实。"虽然爷爷离开了，但我对爷爷的爱永远都在"。这个时候，我们会慢慢地重新建立新的生活，接受新的人、事、物，并带着这份爱与回忆继续往前走。

✲ 悲伤是疗愈的契机

"那种失去的感觉，就好像掉进了一个无底洞一样，你一定很舍不得吧？"我同理着孩子的情绪，秀娴崩溃大哭。

"爷爷离开后，你有像这样哭过吗？"

"没有，因为我怕奶奶会更伤心，所以我都忍住了。"

　　"嗯，你好贴心，但你也要允许自己好好悲伤，因为失去爷爷是事实，不用急着放下或告别。"

　　将负面情绪释放出来才是伤口愈合的起点，好好地悲伤是重要的疗伤历程，有些人可能会觉得不要碰触，不要谈论就不会难过，但沉默只是把我们这份悲伤埋藏得更深而已，并不能起到疗愈的效果。

　　"我们一起用画画的方式把心情画下来吧。"我通过艺术治疗协助秀娴疗伤，首先我给了孩子一张白纸和一盒彩色笔，请她选出一个颜色，用线条画出愤怒，再选不同的颜色分别画出快乐、悲伤和平静，最后让秀娴去看看自己不同的情绪。

　　第二张白纸，我请秀娴挑一个颜色，用图像画出爷爷过世这件事情，具体或抽象都可以，创作时间约为十分钟，然后请孩子描述这张图的内容。"图中有哪些部分让你想起了什么？""这张图的象征意义是什么？""说说这里发生了什么事？""什么时候？有谁？为什么？""你在图画中的哪里？"……

　　第三张白纸，我让秀娴安静地创作十五分钟。我让她想一想："请你逆向思考一下，爷爷的离开虽然不幸，但对你的人生有什么启示呢？你在这个过程中的成长是什么？"

　　最后我将秀娴的第二张图与第三张图放在一起，观察这两

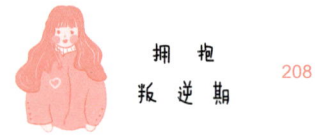

张图有哪些不同的地方，将这个创伤事件重新框架、给予意义，告诉秀娴："虽然我看到了你很难过，但我同时也看到了你的努力，你带着爷爷的期望与爱想念着爷爷。"

✳ 处理未竟事务

"你有没有什么话想对爷爷说，却没来得及说呢？"由于爷爷走得太突然，我邀请秀娴说说想对爷爷说的话，整理与爷爷之间的"未竟事务"，在秀娴分享这些美好回忆的同时，我也肯定了秀娴拥有的能量。"你爱爷爷，爷爷也爱你，这段时光并不会因为爷爷的离开而变得没有意义。"

未竟事务是心理学完形治疗中的一个概念，当人的心中还有尚未完成、尚未解决的事务时，便会留下未竟事务，这些未能表达的情绪，容易使人感到焦虑、紧张或后悔。处理未竟事务，有些咨询师会使用空椅技术，在个案面前放一张空椅子，引导个案想象椅子上正坐着某位对象，例如：父母或其他生命中的重要他人，然后请个案对着空椅表达心中的感觉及情绪，使情绪找到一个出口。但空椅法建议由专业人员带领，所以在会谈中，我比较倾向邀请孩子以叙事的书写方式来表达心中的情绪，例如：写一封信给爷爷，在信中写下对爷爷的思念或疑问，也可以向爷爷分享这段时间自己所经历的所有情绪。

＊ 创造正向的联结回忆

"我们怎样回忆爷爷才能不那么痛苦呢？"在秀娴处理完未竟事务后，我引导孩子以正向的态度去联结跟爷爷之间的回忆。秀娴很喜欢在浴室里大声唱着爷爷喜欢的歌，大声呼叫着爷爷，这些方法都可以把思念过程变得更有趣。

"还有什么方法，让你就算看不到爷爷，也能感觉到爷爷就在身边呢？"我引导她，秀娴慢慢开始调整没有爷爷的生活，我告诉她不需要告别，也不需要删除，而是找到一个自己喜欢的方式继续爱着爷爷。可以整理爷爷的照片、写写日志、规划一个对爷爷的回忆专属角落。

每个人的疗伤历程都不同，秀娴慢慢接纳了爷爷的离开后，也能给予爷爷一份充满爱的祝福。某天晚上，秀娴梦到爷爷回来叮嘱自己，告诉自己要好好照顾身体、好好读书，而她也在梦中答应爷爷会好好长大、好好生活，要爷爷不要担心。尽管秀娴在描述这个梦境时又流下了眼泪，但我知道秀娴已经

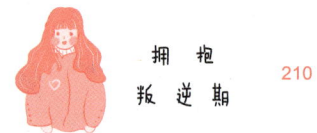

有所成长，她会带着对爷爷的爱继续走在自己的人生道路上。当秀娴主动来找我聊天，踏进咨询室的那一刻起，我就知道这孩子已经有能力去面对，我也只是把孩子那原本小小的勇气再填满，让它更有力量而已。

C★ 给家长的陪伴叮咛

哀恸的五阶段。首先人们会先否认、不敢相信，认为"这是真的吗"。其次为愤怒、怨天尤人，"为什么这件事会发生在我身上"。第三为讨价还价、祈求奇迹出现，"如果爷爷康复了，我就会好好读书"。第四为忧郁、自责、沮丧，人们会开始不断思考"人活着有什么意义"。最后人们开始接受事实，带着这份爱与回忆继续往前走。

悲伤是疗愈的契机。将负面情绪释放出来才是伤口愈合的起点，好好地悲伤是重要的疗伤历程。有些人可能会觉得不要碰触、不要谈论就不会难过，但沉默只会把我们这份悲伤埋藏得更深。死亡虽然不幸，但对我们的人生有什么启示？在这个过程中会得到怎样的成长？

处理未竟事务并联结正向回忆。当人的心中还有尚未完

成、尚未解决的事务时，便会留下未竟事务，这些未能表达的
情绪，容易使人感到焦虑、紧张或后悔。在处理完未竟事务
后，我也带着孩子以正向的态度去联结与逝去的亲人之间的回
忆，我们不需要告别，也不需要删除，而是要找到一个自己喜
欢的方式持续爱着逝去的亲人。

Chapter 06

家庭内的动荡

来自原生家庭的一切，
都深深影响着孩子

每个家庭都有自己的生活方式，

其中，孩子更是直接感受家庭所带来的一切。

给予的是爱还是伤害，

孩子都无法选择。

家庭关系稳定，

有助于孩子发展完整的人格，

也能让孩子在成长过程中，

更独立、更自主。

目睹家暴所留下的伤痕

大人间的争吵，都会牵动着孩子的心

对于目睹了家暴的孩子，

不只需要留意他们当下的身心反应，

还需要注意这些家庭暴力对孩子的长期影响，

家庭暴力在孩子心中留下的阴影与伤痛是隐性且长期的。

"您好，我这边是学生咨询辅导中心。"

"贵校有位孩子目睹了家暴的过程，需要贵校再关心了解一下，谢谢。"

一早接到教育局学生咨询辅导中心的来电，辅导员表示学校有位孩子目睹了家暴，于是我赶紧联系相关单位了解情况，并通知了这个孩子的班主任，从班主任那边搜集孩子在家及在校的生活情况。

"真的吗？哲伟他平常在班上都没什么异样啊，也从来没有提过家里的事。"

"那哲伟在班上的人际关系如何呢？"

"还可以，只是有时候跟同学在嬉闹时会有一些肢体碰撞。"

"嗯，好的，那我第四节课时再约一下哲伟，麻烦班主任了，谢谢。"

✳ 孩子难以启齿的羞愧

"嗨，哲伟，你是第一次进咨询室吗？"

"嗯。"哲伟没有太多的情绪，只是对咨询室里的摆设有

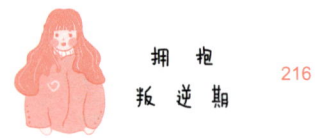

点好奇。

"放轻松就可以了。"

"好。"

"你知道老师为什么会找你来吗？"

"不知道。"哲伟耸了一下肩。

"我会找你来，是因为我得知，昨天晚上你的爸爸和妈妈发生了一些争吵。老师很担心你，所以才会想找你来聊聊。"

"嗯。"

"我不确定你现在的心情如何？但老师想让你知道，不管发生了什么事，学校都会陪着你一起面对。老师也希望在学校里可以有一个地方或一个人，听你说说家里的事，说一说心里的想法与感受。"

通过这个邀请，我向哲伟传达了"你不孤单"的信息。对很多孩子来说，要接受或承认家里发生暴力事件并不是件容易的事，孩子无法理解为什么父母不相爱？为什么他的家庭不甜蜜？为什么爱他的两个人会互相伤害？对于目睹了家庭暴力的孩子来说，家暴通常是一个难以启齿的秘密，尽管孩子身上并没有明显的伤痕，但他们的心里有看不见的伤痛。

"……我也不知道。"哲伟想说点什么，却又不知道从何说起，于是我将步调放慢，陪着孩子一起觉察自己的情绪。

"面对爸爸和妈妈的吵架，你的心情还好吗？"

"我也不知道，我只觉得好烦。"

"你在烦些什么事呢？"

"我不喜欢他们来烦我，他们整天都吵来吵去的。"

哲伟的父母大约每个月都会大吵一次，几乎都是为了钱的事，有时候还会把孩子拉进两人的战场中。当妈妈叫不动爸爸时，就会命令哲伟去传话，然后爸爸再叫哲伟把话传回来，两人也会不断地逼问他："爸爸和妈妈谁才是对的？"在提及离婚的时候两人更会直接问哲伟"你跟谁比较好？""你要跟谁一起生活？"等问题，这些问题都让他感到烦躁、厌恶却又无可奈何。

✳ 专任辅导老师这样做……

尽管父母发生暴力冲突的当下哲伟不在现场，但他还是可以在房间里听见两人的争吵声及打斗声。孩子内心其实是很害怕的，曾经一度想跳出来当父母之间的协调者，但自己的能力不足，使父母为了保护自己而吵得更凶，所以他只好将自己关在房间内，盖住耳朵，试图让争吵的声音离自己远一点，假装

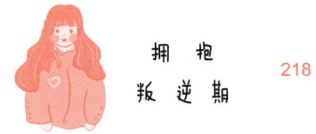
没有看见，也没有听见。

　　"你现在最害怕、最担心的事是什么？"

　　"可能怕他们会离婚吧。"

　　"如果可以，你希望爸爸和妈妈的关系如何？"

　　"不要再吵架了。"

　　家庭暴力在孩子心中留下了恐惧与巨大的焦虑，这些恐惧来自未知和无力。哲伟不知道父母接下来会变得怎么样，对于大人们之间的问题，他想帮忙却又无能为力，复杂的情绪不断困扰着他，因为不想被其他人知道家里的事，所以也不会与其他人说。家庭暴力甚至让他感到羞耻，充满罪恶感，导致他睡不好、吃不好，无法集中注意力上课。

✳ 练习渐进性松弛疗法

　　"好，那我们现在把焦点转移到肩膀上，用力地缩起肩膀，让肩膀慢慢地靠近耳朵，感受一下肩部肌肉的紧绷程度，用力一点，再用力一点，然后慢慢放松，慢慢放松，感受一下肌肉放松的感觉……"

　　为了让哲伟放松，我带着孩子进行"渐进性松弛疗法"练习，通过深呼吸与肌肉的紧绷与放松来学习纾解压力。我让他在咨询室里找到一个自己可以放松、安静的角落，选一个舒服的姿势躺着或坐着，然后将身体每个部位的肌肉逐步紧绷再放松，消除焦虑的情绪与压力。除了渐进性松弛疗法外，我也搭配着其他放松训练，如腹式呼吸法。

＊　体验自由书写法

进行身体上的放松后，我邀请哲伟试着自由书写，以轻松、无拘束的方式随意地写下文字，创作一幅属于自己的"文字图"。"文字图"是借由不停地快写来让人放下戒心，利用自由书写的方式捕捉到每个人最原始、最真实的念头，包含对家庭暴力的感受与想法。

"吵架""烦""打巴掌""验伤""警察""房间""电脑""安静""钱""离婚"，暴力是正常的吗？普遍的吗？世界上是否根本没有一个真正安全的地方？没有值得信任的人？我也是不好的？不值得被爱的……哲伟写下了很多词句，回忆父母的争吵，哲伟觉得很困惑。

面对目睹了家暴的孩子，不只需要留意孩子当下的身心反

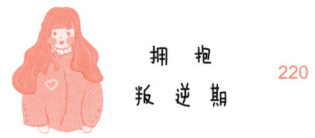

应，我们也需要注意这些家庭暴力对孩子的长期影响。家庭暴力在孩子心中留下的阴影与伤痛是隐性且长期的，孩子可能会因为过度惊吓，一再地重复出现压力反应，形成创伤后应激障碍；孩子可能会受家暴事件的负面情绪困扰，进而出现自我伤害的行为；孩子可能会不自觉模仿父母的暴力行为，在人际相处上出现社交困难等；或是孩子可能会因为身在暴力家庭的不安全感，在未来成年后的两性关系问题上容易疑神疑鬼、感到不安，错误的认同暴力行为，成为下一个施暴者或受虐者。

✳ 暴力是没有借口的

"爸妈吵架这件事，你觉得对自己有什么影响吗？"不论吵架的原因是什么，我们都必须让孩子知道暴力是没有借口的，暴力不能解决问题。"如果今天你跟对方发生争执，对方开始大吼，你会怎么做？""怎么做会更好？""如果对方先动手了，当下你反击回去，接下来会发生什么事？""如果你不反击，又会发生什么事？""哪一个结果是你喜欢的？""要怎么样才能做到不反击呢？"通过一系列的提问，我让哲伟思考如何面对暴力冲突。先离开现场，避开暴力，等待双方冷静、情绪缓和后再来谈。在人际相处上，孩子也察觉到自己一方面会害怕与人发生冲突，另一方面又会不自觉地经常与人发生肢体碰撞等行为，像是用拳头去撞同学的背。这个觉察也使他开始提醒自己，不要模仿暴力，因为暴力是他最不喜欢的。

✳ 我的安全计划卡

协助孩子了解家庭暴力对自己的影响后，也要帮助孩子避免成为爸爸与妈妈之间的"夹心饼"，于是我邀请哲伟一起完成"我的安全计划卡"。

"家庭暴力发生时，家里有哪些地方是安全的？""哪些地方可以让我感到安心？""如果需要求助，我可以用什么方式求救？""这些方法的优缺点各是什么？""有哪些大人可以帮忙？""怎么联系到这些人？"我们将讨论的结果写下来，并整理成一张小卡，让哲伟随身携带着，时刻提醒自己如何自我保护，同时感到安心。

在辅导过程中，长期的追踪辅导也包含持续关心孩子的家庭状况、担任孩子的支持者，以及让孩子知道自己并不孤单。

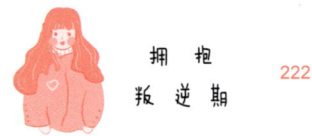

另外，我会让孩子知道家庭暴力这件事并不是孩子的错，通过学校的活动创造给孩子更多的正向经验及成就，提升孩子的自我价值感，并且强化这些保护因素。

记得在最后一次的晤谈中，哲伟告诉我："谢谢老师，我觉得每周的晤谈时间就是我最放松的时刻。"当孩子有了一个出口，就会更有能量去面对家庭中的挑战。

☪* 给家长的陪伴叮咛

目睹了家暴的孩子的伤痛。对很多孩子来说，要接受或承认家庭暴力是件很困难的事，孩子无法理解为什么父母不相爱？为什么他的家庭不甜蜜？为什么爱他的两个人会互相伤害？家庭暴力通常对孩子来说是个难以启齿的羞愧秘密，尽管孩子身上并没有明显的伤痕，但他们的心里有看不见的伤痛。

暴力是没有借口的。不论吵架的原因是什么，我们都必须让孩子知道暴力是没有借口的，暴力不能解决问题，通过一系列的提问让孩子思考面对暴力的应对模式。"如果对方先动手了，当下你反击回去，接下来会发生什么事？""如果你不反击，又会发生什么事？""哪一个结果是你喜欢的？"……

　　我的安全计划卡。"家庭暴力发生时，家里有哪些地方是安全的？""哪些地方可以让我感到安心？""如果需要求助，我可以用什么方式求救？""这些方法的优缺点各是什么？""有哪些大人可以帮忙？""怎么联系到这些人？"……跟孩子讨论后并整理成一张小卡，让孩子随身携带着，随时提醒自己，同时也能感到安心。

家暴与管教的界线

青春期的孩子需要理性的沟通

你是不是经常对孩子说"我是为你好"？

往往这句家长的肺腑之言，

在孩子听来是一种压迫，

代表着父母不会听自己说，

也代表着自己没有选择的权利。

"我现在在朋友家。"

"我爸刚刚打了我。"

"我今天晚上不会回家了。"

深夜十点多，手机突然弹出了信息，吓得我从床上跳了起来。

"喂，育维吗？"

"你还好吗？刚刚发生了什么事？"

"喔，我爸打我了，我现在来我朋友家求救了。"

"那你现在人怎么样？要不要我过去看看？"

"不用，我已经没事了，老师你不用过来。"

育维的语气非常冷静，也不太愿意透露太多细节，于是我只好先在电话里确认他是否安全，有没有伤口，然后第二天一早立刻与辅导主任到育维的朋友家接回他。

✳ 没有人听孩子说

家暴中心收到我们的通报后，很快也派了社工到校找育维了解情况，经过社工专业的判断后，此通报案不成立。社工说这只是单纯的管教问题，会再联系育维的爸爸，与他进行合理

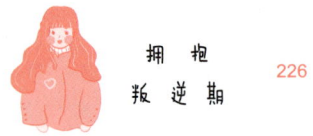
的管教范围沟通，协助父子之间有一个更好的沟通模式。

"这样居然也不算家暴？"

"都是班主任害的，一直打电话给我爸，真是多管闲事！"孩子愤怒地骂着。

原来是昨天晚上，班主任打电话给育维的爸爸，告知育维在学校里掐了同学的脖子。爸爸一听到这件事后，就愤怒地抓起了育维的衣领，想警告他，只是没想到育维为了挣脱，不断扭动，不小心整个人摔到地上，膝盖瘀青。爸爸见状想再度抓起他，孩子这时愤怒地大声吼叫："你家暴我，我要报警！"接着夺门而出。

"爸爸是第一次抓你的衣领吗？"

"对。"

"当时的你很害怕、很恐惧？"

"对。"

"如果可以的话，你希望爸爸接到班主任的电话后怎么反应？"

"他可以先问我啊，让我说明整件事。"

"嗯？"

"老师，连你也相信班主任说的话了？"育维不屑地看向一旁。

"所以事实并非如此？"

"当然。"

"那你愿意跟我说说这件事吗？"

"算了，反正也没有人会相信我说的。"

"我会听你说，而且你说了我才会知道。"

原来那天育维掐同学脖子的事是个误会，但班主任不相信，也不愿意给他一个解释的机会，就直接告知了育维的爸爸。让育维更生气的是，连爸爸也一样，问都不问自己就直接相信班主任说的话，所以孩子才会这么激动地想证明自己没有错，甚至是想用报警来好好"修理"爸爸一顿。

＊　专任辅导老师这样做……

"老师啊，麻烦你们啦。"晚上我跟主任一同到育维家家访，育维的爸爸一见到我们就不断道歉。爸爸无奈地叹了口气："唉，现在的小孩打也打不得，到底该怎么教？"爸爸表示自己接到班主任的电话后，觉得丢脸又生气，所以才会一气之下抓住孩子的衣领想教训他，只是没想到他的反应这么激烈，爸爸也很后悔当时太过冲动，现在也不知道该怎么办才好。

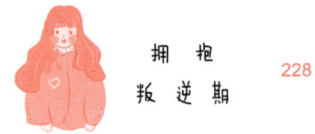

✳ 千万别说"我是为你好"

"我也是为了育维好，万一他以后真的掐同学脖子怎么办？"育维的爸爸知道自己情绪来得太快太急，做出了冲动举动，伤害了孩子的心及自尊，但爸爸也很担心，如果自己不严厉一点，会不会造成更加不可收拾的后果？因此爸爸在管教上才会刻意以一个严父的形象来大声怒斥孩子，希望能让孩子感到害怕而不敢犯错。

"我是为你好"，这句话是家长在管教孩子时最常出现的"经典名言"，而青少年偏偏就是最讨厌这句话，这句话不但会让孩子们有被压迫的感觉，也似乎宣告着父母说的话才是对的，自己不能有任何的协商或质疑。青春期的孩子需要的是理性的沟通与对话，所谓的理性沟通也并非唠叨式的"说理"，而是以"引导"的方式取代"命令"。如果青少年能在亲子沟通中尽情地分享自己的想法与感受，清楚了解自己的行为所造成的后果，进而明辨是非对错，就拥有重新更正的机会；如果青少年无法在亲情中获得了解、支持，就容易往其他地方寻求归属感，认定父母的管教只是在发泄他们的情绪，导致亲子关系更加恶劣。

在了解育维及爸爸的想法后，我也将两人的感受分别传达给对方知道，在两人之间建立一座桥梁。我带着孩子重新思考与爸爸之间的关系，并告诉他，如果不喜欢这样的爸爸，两人之间一定要有一方先动起来，做点不一样的事，改变才有可能发生，最后我们决定从给育维的爸爸发信息开始。

我陪着育维一次又一次修改信息内容，模拟了爸爸可能回复的各种版本，最后育维终于鼓起了勇气，发出了这条信息："爸，那天晚上的你好可怕，如果可以，我希望你能先听听我说。"没想到，信息一发出，爸爸立刻就已读、回复："嗯，我知道那是误会了，下次我会听你说。"短短的一句话，却让孩子很感动，因为这是爸爸第一次说出这么温柔的话，没有责备，也没有批评，这也是孩子第一次跟爸爸靠得这么近，第一次对爸爸说出自己的感受，这是孩子过去从来都没有过的体验。

✳　成为孩子心中不一样的大人

有时候家长在管教孩子时，可能会因为不了解孩子的特质、缺乏有效的沟通技巧、无法客观判断，或是对自己的管教能力没有自信而不知道该怎么管教孩子。其实适时让孩子知

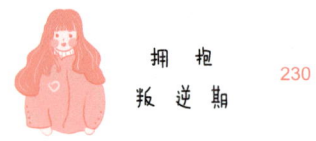
道自己的感受与想法也是很重要的，不要害怕对孩子说"抱歉"，因为孩子也希望能更了解父母在想什么。

　　青春期的孩子需要有自主的空间，他们正处于"自我统整与角色混淆"的发展阶段，需要通过不断地尝试与冒险来认识这个世界，进而形成一套自己的价值体系。所以家长适当地允许孩子去做必要的冒险，可以避免孩子进行其他更危险的活动。父母是孩子最早的学习对象，不论是行为还是态度，都会影响孩子社会化的人格发展，如果育维的爸爸习惯以暴力或怒吼的方式来管教他，那么他也可能会在这个过程中学习到以偏激的方式来表达自己的情绪。

　　行为是学习的产物，行为具有可塑性，孩子的行为是可以被改变的。当孩子出现我们所期待的行为时，我们可以给予孩子喜欢的奖赏，或是移除孩子不喜欢的事物，促使孩子出现我们所期待的行为，即为"正增强"与"负增强"，以正向语言取代负向语言，以"准时"取代"不迟到"，以"回家"取代"出去闲逛"，让孩子将注意力聚焦在我们所期待的行为上。

　　青春期的孩子既不是什么事都不懂的小孩，也不是成人，他们正处于转变的尴尬时期，情绪与行为较为不稳定。父母在管教孩子上也容易感到无力，亲子关系紧绷，孩子会觉得父母不够了解自己，父母也会觉得孩子难以理解。但只要倾听孩子，给孩子一些独立的自主空间，不批评孩子的选择与判断，孩子自然也愿意接纳父母，与父母聊聊自己的困惑或担忧。这时候我们才有机会从中去引导孩子，协助孩子在各种困境中找到解决问题的方法与自我价值。

C* 给家长的陪伴叮咛

合理管教与家暴。家长在管教孩子时到底该怎么掌握分寸呢？在法律上父母是有惩戒权的，但必须在合理的必要范围内惩戒子女。当家长刻意以暴力或言语伤害孩子的身心时，或施予不可忍受的伤害或痛苦在孩子身上，就有可能构成家暴事件，而此时公权力就会介入以维护孩子的权益。

别再说"我是为你好"。"我是为你好"，这句话不但会让孩子们有被压迫的感觉，也似乎宣告着父母说的话才是对的，自己不能有任何的协商或质疑。面对青春期的孩子，家长需要理性地沟通与对话，以引导的方式取代命令，让孩子尽情地分享自己的想法与感受，清楚了解自己的行为造成的后果，进而明辨是非对错，并拥有重新改正的机会。

成为孩子心中不一样的大人。青春期的孩子正处于"自我

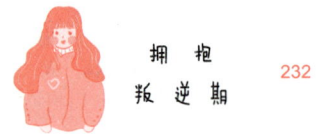

统整与角色混淆"的发展阶段，需要不断地尝试与冒险来认识这个世界，进而形成一套自己的价值体系。父母是孩子最早的学习对象，不论是行为还是态度，都会影响孩子社会化的人格养成。如果家长习惯以暴力管教孩子，那么孩子也会在这个过程中学习到以偏激的方式来达到自己的目的。

别让孩子当小大人

孩子应该充分享受成长的快乐与满足

懂事的孩子的确能够帮父母不少忙，

但是"亲职化"的现象，

对孩子不见得是好事。

家庭成员有各自需要肩负的责任，

大人的责任与承担，

若由孩子来负责，

容易让孩子在成长过程中忽略自我。

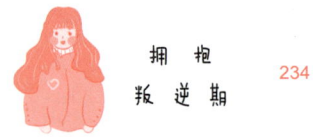
"您好，我是宜雯的班主任。"

"是这样的，宜雯昨天晚上突然打电话给我……"

一早八点多，宜雯的班主任突然来电，疑似是因为昨天晚上有人到宜雯家里讨债，宜雯很担心爸爸和弟弟的安全，于是第一时间打电话向班主任求助。

没多久，学校的下课铃声响了，宜雯背着书包走进了辅导室，脸色非常难看，脸上还残留着几滴泪水。

"宜雯，到底发生了什么事？"我紧张地询问着。

"老师，我昨天晚上已经跑出去筹到两万块的现金了。"

"两万块！"

"嗯，我今天其实也不想来学校，老师，我可以偷跑出去继续筹钱吗？"

我意外地看着宜雯，虽然她想继续在外面筹钱，但还是到校了，为了确保孩子今天不会突然跑出校门，做出违反校规的行为，我先让她待在辅导室里休息。

"除了你之外，还有没有其他亲戚朋友可以帮忙呢？"

"没有吧，或许姑姑可以帮忙。"

"那姑姑知道这件事情吗？"

"应该还不知道，老师，我可以先发信息给姑姑吗？"

"嗯，可以。"

为了让宜雯冷静下来，我让她先发信息给姑姑。

"老师，那我等一下也可以去找弟弟说一下这件事吗？"

"你想说些什么呢？"

"因为弟弟昨天也看到过讨债的人，我怕他会担心。"

"好，那老师陪你一起去找弟弟。"

宜雯的弟弟在同校就读，宜雯因为昨天晚上太过紧张，并一心只想赶快跑出去找朋友筹钱，所以她还没有机会跟弟弟说话。宜雯希望弟弟不要太担心，也不要一直再跟爸爸要钱，自己乖一点，不要一直惹事。

＊ 专任辅导老师这样做……

由于班主任希望宜雯能回班上上课，所以我也鼓励孩子回到班级，但宜雯进教室大约十分钟后，班上的同学就紧张地跑出来说："老师，宜雯上课上到一半冲出教室了，现在不知道跑去哪里了。"我赶紧联系政教处与警卫室，并跟着班上的同学一起找，最后终于在四楼的女厕所中找到了她。

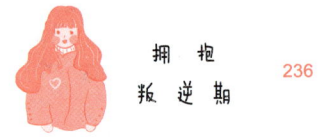
✳ 孩子想担起照顾家庭的责任

"宜雯,我是辅导老师。"孩子将自己反锁在厕所里,听到我的声音后便不断啜泣。

"老师,我还是很担心、很害怕。"

"嗯,老师知道你很担心、很害怕,我们一起来想办法好吗?"我一边安抚着,一边预防宜雯可能有自我伤害的行为出现。最后我与班主任协调后,班主任也同意当天一整天先让孩子待在辅导室里,以减轻压力。

"宜雯,老师会先联系一下你的爸爸了解情况,你先不用担心,然后我也会联络班主任,跟班主任讨论可以提供给你什么协助?如果有需要的话,我也会帮忙报警,老师会陪着你一起面对问题的。"

"嗯。"宜雯点点头。

"而且家里的事也不是你一个人就可以解决和面对的,不要给自己这么大的压力。"

"嗯,但我还能帮忙做些什么呢?"

"你昨天晚上立即打电话给班主任求助,就是一件你能帮忙的事,因为债务本身会涉及许多复杂的纠纷,这能避免你陷入危险。"

"但我还是很想帮忙。"

"现阶段你能做的事，就是做好自己的本分，包括待在学校里和上课，不要让爸爸或姑姑另外再替你操心，这是最好的帮忙。"

✳　"亲职化"现象

由于宜雯从小就跟爸爸和弟弟一起生活，家中缺少母亲的角色，为了减轻爸爸的负担，宜雯会帮忙照顾弟弟的生活起居、叫弟弟起床上课、帮弟弟买早餐、做晚餐给家人吃，甚至是整理全部家务，姐代母职。

也因为这样，宜雯渐渐承接下家庭中主要照顾者的责任与情绪，即为心理学上常常称的"亲职化"现象，也就是在家庭中担任"小大人"的角色。这类孩子会过于早熟，去分担家里的工作，承担亲职任务与情绪，将自己视为家庭的守护者或照顾者，把亲职的角色内化，进而延长了"自我分化"的进程，导致自己与原生家庭分化不足。如果反映在亲密关系中，孩子会无法看见自己在亲密关系中的需求，并且失去童年应有的快乐与满足，容易忽略自我，甚至会对自己的需求感到羞愧、自

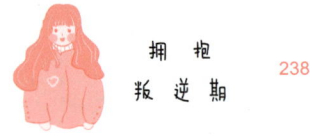
责，出现情绪障碍等困扰。

亲职化的孩子必须将原本属于父母的责任还回去，腾出一个空间去建立一个健全的自我。也因为这样，我告诉宜雯这些事情与压力都不是她一个人可以去面对的，也不是她一个人应该去承担的，必须将某些责任归还给爸爸，并且相信爸爸。

"宜雯，你要不要试着让爸爸知道你的担心与害怕呢？"

"但我要怎么跟爸爸说呢？"

"如果你不知道怎么开口，我们也可以试试用写的方式来说。"

我给了宜雯一张信纸，让她把自己的心情与想法都写在这封信里，告诉爸爸，自己心中的担心与害怕，同时也通过书写来整理自己的情绪与想法。

"亲爱的爸爸：

昨晚我看到家里面有人来讨债，我知道家里好像欠了一些钱，我希望爸爸可以把家里遇到的事情说出来，我们一起面对，我不希望爸爸是自己一个人去面对的，因为你在我心中是最勇敢的爸爸，不用害怕，也不要自己一个人，我爱你。"

✳ 原来是恐惧的恶魔

　　宜雯写完这封信后，我也终于联系上了宜雯的爸爸，爸爸听到这件事情后非常震惊："什么？根本没有这么严重，是她太夸张了。"

　　"喔？原来是这样？"

　　"对啊，她念好自己的书就好，不要一直胡思乱想。"

　　"嗯，不过孩子看到这种状况会感到害怕是正常的，我们也可以从这件事上看到宜雯对你的关心与爱，如果可以的话，也希望你回家后可以再跟孩子好好聊聊，让她安心一点。"

　　随后，我也赶紧向宜雯澄清这件事。

　　"真的吗？所以真的不是有人来讨债？"

　　"对啊，不过你今天还是可以把这封信交给爸爸，跟爸爸聊聊你的担心。"在知道这件事是个误会后，宜雯也终于露出了笑容。

　　一周后，宜雯没有再提起讨债的事了，她很开心地向我分享上个周末跟爸爸和弟弟一起到游乐园玩的事，这是她第一次向爸爸说出想一起出去玩的心愿，爸爸还特地请假一天。"老师，我跟你说，我爸看完那封信后居然哭了，而且他还买了我们一起在游乐园拍的全家福，把全家福跟那封信一起贴在房间

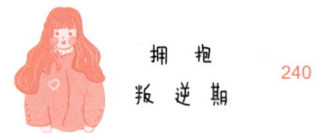
的墙壁上。""我希望毕业后可以上烹饪学校，学做好吃的菜给爸爸和弟弟吃。"

"嗯，宜雯，你还记得你第一次到咨询室的模样吗？"

"还记得啊，很好笑。"孩子笑了出来。

我带着宜雯回顾自己的辅导历程，因为她一开始会来到辅导室，就是因为跟爸爸之间的冲突与对立，只是没想到自己最大的改变，也是来自爸爸。家里的危机事件让爸爸看到了她细腻的心思与爱，一直为家里付出的她也终于敢说出自己的需求与渴望，这都是这段时间的成长与改变。

"以前的我总是担心那样做好吗？这样做好吗？会不会被喜欢？会不会太冲动？"

"嗯。"

"最近班上也有很多人问我为什么转变这么大？我想应该是因为我发现很多事情根本不用担心太多，开心最重要。"

"现在的你已经有更多的能量，去面对生活的困境。"

"嗯。"

"如果今天要送自己一句话，你想跟自己说什么呢？"

"我想跟自己说，今天踏出咨询室，过去的困难与不开心就都过去了，从现在开始我就是全新的林宜雯。"孩子开心地笑着。

☪* 给家长的陪伴叮咛

让孩子知道他能做的事。当家里发生重大事件或危机时，孩子们都会担心、焦虑或害怕，无心学习或其他事物，孩子总是希望自己能帮得上忙，以减轻家里的负担，这时我都会告诉孩子，他给家人最大的帮助就是把原本自己应该做的事情做好，不让其他人为他操心。做好当下能做的事可以增加孩子的胜任感及安全感，让孩子知道这些危机不是他一个人就可以解决和面对的。

"亲职化"现象。亲职化的孩子在家庭中担任"小大人"的角色，这类孩子会过于早熟，去分担家里的工作，承担亲职任务与情绪，将自己视为家庭的守护者或照顾者。他们会把亲职的角色内化，进而延长了"自我分化"的进程，导致自己与原生家庭分化不足。如果反映在亲密关系中，孩子会无法看见自己在亲密关系中的需求，失去童年应有的快乐与满足，并且容易忽略自我，甚至会对自己的需求感到羞愧、自责，出现情绪障碍等困扰。

解开孩子的负向共依附枷锁

孩子需要的爱，必须同时保有独立与自主

父母都希望孩子能独立自主，

但有的家庭，主要照顾者会不由自主地鼓励孩子负向依附，

让孩子更加依赖，

长久下来会影响孩子的人际关系，

失去自主能力，甚至退缩。

"怎么那么多事儿？"

"有什么好处理的！"

佳慧升上初中后就长期请病假，我陪着班主任进行家访，佳慧的爷爷坐在沙发上看电视，一听说我们是学校的老师，就开始抱怨起来。

"佳慧每天都说头痛、肚子痛，我看干脆不要读书了。"

"这没办法，佳慧爷爷，初中是义务教育，不能不读。"

"这样啊，那要怎么办？"

"爷爷，你有带佳慧去看医生吗？"

"不用看，她在家里一直在玩手机，当然头痛。"

"是这样吗？"

"是啊，而且我也没钱带她去看医生，我都找不到她妈妈，她妈妈都不拿钱出来。"

"喔？佳慧的妈妈不住在这里吗？"

"是啊，想回来的时候就回来，想不回的时候就不回，谁都找不到，唉，学费和生活费都是我在帮她付。"

这时佳慧走到了客厅来，但似乎早已习惯爷爷对妈妈的这些怨言。

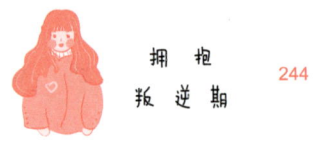

✳ 家庭斗争中的孩子

"我觉得爷爷说的没有错啊，她时不时就会人间蒸发。"

"你说妈妈吗？"

"对啊，我小时候很恨她的，也很想找她算账的，因为爷爷说她当初原本是想抛弃我的，只是后来没有。"

"所以你很恨妈妈吗？"

"嗯。"

"那现在呢？还想跟妈妈见面吗？"

"还好，但我真的不知道她的行踪，我猜她应该也不会想回来了吧？迄今为止我只跟她见过四五次面，其他时间都是打电话，现在她也不太会接电话了，除非爷爷吓唬她说要告她，她才会接。"

"那你跟妈妈之前大概多久打一次电话呢？"

"一个月一次吧，反正我现在也不太会打给她，而且我会在电话里说她，因为我觉得她很不负责任，让爷爷这么辛苦，现在我只希望她可以按时寄钱回来就好。"

佳慧对妈妈有很多的愤怒和不满，认为妈妈是个不负责任的母亲，一心只想着自己，想回来就回来，想消失就消失。

✳ 专任辅导老师这样做……

"佳慧，那是什么原因让你不想到校呢？"

"因为我不喜欢学校里的一些人啊。"

"哪些人？"

"就那些说闲话的同学啊。"

"你们之间有发生什么事吗？"

一问之下，我才知道原来是佳慧之前在网上跟同学起了一些争执，同学们在聊天室里直接说她是个没有妈妈的小孩，让她非常愤怒。从此之后只要一提到上学，佳慧就会全身不舒服，不想到学校见那些同学。

✳ 孩子真的"认识"妈妈吗？

"那你有告诉他们你不喜欢听到这些话吗？"

"没有。"

"为什么呢？"

"因为我不敢，而且我觉得他们说的也是事实。"佳慧低下头来。

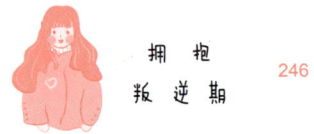

"嗯,所以你还是很在意妈妈不回来这件事吧?"

"我也不知道,我只希望她不要一直消失……"说完后,孩子叹了一口气。

"你对妈妈的认识有多少呢?"

"认识?"

"嗯,老师会这样问,是因为感觉你对妈妈的认识,大部分都来自爷爷及其他人,老师想知道你跟妈妈之间有什么共同的回忆?"

"嗯……我好像根本不认识我妈吧?"

"喔?所以之前你都是通过爷爷联系妈妈的吗?"

"嗯,都是爷爷先帮我打给妈妈的,通了才给我听。"

"那你想主动联系妈妈吗?"

"不知道,而且爷爷可能也不会把妈妈的电话号码给我吧?"

跟孩子谈完话后,我主动找了佳慧的爷爷商量,希望他能将孩子妈妈的联系方式给佳慧,让孩子在想要联系妈妈的时候可以主动联系,与妈妈之间有更多的联结。

过了几天后,佳慧找到我说:"老师,我跟你说,昨天母亲节,我打电话给我妈妈了。"

"那妈妈有接吗?"我紧张地问着。

"有，这是我们有史以来通电话最久的一次，大概一分多钟吧，我有跟她说母亲节快乐，虽然我的语气还是不怎么好，但是我觉得我对她的恨变少了，因为她说她很后悔年轻时对我做的事，很对不起我。"

"哇，这是一件很棒的事呢。"

"嗯，我也没料到。"孩子露出了一抹微笑。

＊ 共依附的枷锁

这是佳慧第一次联系妈妈，也是妈妈第一次接到佳慧的来电。不同于以往，都是那些指责、怪罪或跟金钱有关的话题。在将"爷爷"这个中间传递者移开之后，两人之间开始有了新的联结与对话，佳慧对妈妈的印象也开始有了改变，过去她认定妈妈就像爷爷所描述的，是一位不负责任的母亲，抛弃这个家庭、不爱这个家，但是当她有机会亲自听到妈妈说了自己的故事之后，才发现事实并非如此。

"原来妈妈也会关心我的身体和健康，她还叫我要认真读书。"

"这跟我原本以为的都不一样。"

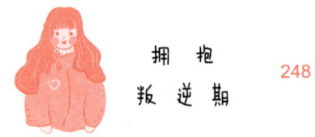

"我现在的心情好矛盾。"

佳慧说着开始泛泪。

过去佳慧怨恨妈妈抛弃自己，抛弃这个家，但在听到妈妈的道歉后，她陷入了矛盾，心中开始有了想要妈妈关爱自己的渴望，但她又认为自己必须站在爷爷那边，支持着爷爷，跟爷爷一起继续指责妈妈、讨厌妈妈，这样才不会辜负爷爷对自己的照顾与疼爱。

对于照顾佳慧这件事，爷爷虽然有付出，但内心也是有很多的不甘愿。爷爷认为佳慧的妈妈应该负起责任，不能就这样放着孩子不管，在金钱上也必须提供协助。但同时爷爷又担心孙女有一天会跟着妈妈走，离开自己。爷爷也需要被陪伴，于是他逐渐地让佳慧更依赖自己，反向"鼓励"佳慧，使孩子渐渐缺乏独立与自主的能力，在人际关系中变得更加退缩，不敢去争取或捍卫自己的权利，遇到困难时只会逃避，只敢躲在他人背后。爷爷与佳慧之间就形成了一种负向的"共依附"关系，互相依赖着彼此。

✳ 跟着孩子找到他自己

　　为了削弱爷爷与佳慧的这种负向的共依附关系，我希望佳慧能有更多的机会去学习独立与自主，所以在跟社工讨论后，我们鼓励她到寄宿学校就读，通过学校的集体生活，让孩子有机会尝试与学习，同时也能在弹性又多元的课程中找到自己的兴趣与目标，通过生活刺激来促进学习。在参观完学校后，佳慧表示自己很喜欢那里的环境，于是她很快就决定入住。

　　"我们原本约好下午在车站集合，结果一直等不到人，打给佳慧爷爷后，才知道爷爷不准她出门。"社工原本跟佳慧约好周日要一起坐车前往寄宿学校，但爷爷突然反悔，不准孩子出门。佳慧爷爷抱怨寄宿学校的孩子都是坏学生，他不愿意听社工解释就挂掉了电话，于是我连忙与社工一起到了佳慧家，想听听孩子的想法及感受。

　　"其实我很喜欢那里的环境和上课内容，在那里我可以做自己，我知道怎么去捍卫自己的权利，这些都是在原本的学校里我不敢做的。"

　　"那你有让爷爷知道这些吗？"

　　"没有。"

　　"为什么呢？"

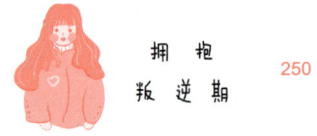

"因为我会想家，我觉得我离不开爷爷，也离不开这个家。"佳慧低着头，不敢看我们。

"嗯，没关系，至少你找到了自己想要的样子了。"我们给了佳慧一个微笑。

尽管佳慧最后没有到寄宿学校就读，但这次的经历也让佳慧有机会看见自己的能力，找到自己喜欢的样子，并且努力成为这样的人。

佳慧回到原本的学校后也开始尝试担任"领导者"的角色，面对同学的恶意攻击，她也更懂得去表达自己的情绪。过去在家庭中，佳慧找不到自己的位置，导致在人际互动上也常常看不见自己的需求，尽管内心有很多愤怒或难过，但她还是选择退缩、压抑，甚至是抗拒到校。但在跟妈妈有了新的联结后，她也开始去思考自己的人生，思考自己进行怎样的选择才不会后悔。尽管有时候爷爷还是会泼冷水，但佳慧已不会再被爷爷轻易影响，因为她很清楚自己的人生必须由自己决定，自己有能力去决定自己的人生。

C* 给家长的陪伴叮咛

消除负向的"共依附"。在负向的共依附关系中，孩子可能会更加依赖主要照顾者，渐渐失去独立与自主的能力，在人际关系中变得更退缩，不敢争取或捍卫自己的权利，遇到困难时选择逃避。主要照顾者或许也需要孩子的陪伴与亲近，在无意识中鼓励着孩子的负向依附，使得孩子更无法发展出独立的能力。

跟着孩子找到他自己。当孩子不清楚自己的人生方向时，我们也不用太着急，只需要陪在孩子身边，跟着孩子找到他自己即可。让孩子多方地探索，看见自己的能力，找到自己喜欢的样子，并努力成为这样的人。人生必须由自己决定，我们每个人都有能力去创造属于我们自己的人生。

父母离婚是孩子的"世界末日"

孩子再小，也需要父母一起说明离婚的原因

父母离异，

对孩子来说是很重大的改变。

大人切勿因为孩子还小或是自己情绪尚未平复，

而不对孩子说只字片语。

其实，孩子不论多小，

都是有感觉、有感情的，

父母必须坐下来和孩子好好说明。

"天宇刚刚想拿美工刀割自己。"

"现在在政教处大吼大叫。"

"我们把他带上来了。"

班主任紧张又快速地描述整个午餐时间所发生的事情。

打开咨询室的门后，我看见天宇躺在沙发上不断哭泣，判断孩子手上没有任何危险物品后，我坐在一旁静静地陪他。

"天宇，你还好吗？"

"我感觉到你非常的难过。"

"虽然我不知道发生了什么事，但如果可以，就好好地哭一哭吧。"

一个小时后，天宇的情绪逐渐缓和下来，我开口询问："发生了什么事？"

在孩子的倾诉中，我才知道原来他一直觉得自己是个没有人要的孩子，觉得人生没有意义，觉得很累，也撑了很久。

"今天中午吃饭的时候心情突然很糟糕，不知道该怎么办。所以我就拿美工刀割一下自己，看会不会轻松一点。""但还没割就被同学发现了。""原本我以为我都放下了，也一直跟周围的人说'我没事'……""结果我什么都想起来了，我想起了妈妈带我和姐姐出去玩，妈妈丢下我们。""这些年我都在忍耐，我没有向任何人说过这些心里

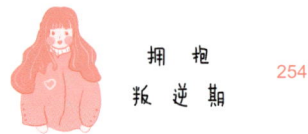

话。""当初就是因为我的一句话，害妈妈离开我们。""为什么我要这么诚实？害得我的家庭破碎。""我是爸妈离婚的罪人！"……

✳ 孩子误以为是自己的错

天宇的父母是在他小学时离异的，父母当初并没有向他说明离婚的原因，所以天宇也不知道他们之间究竟发生了什么事。在孩子小小的世界中，他只能根据自己所看到及所听到的去猜测，努力找出一个合理的解释，来说明为什么父母会离婚。然后不断检视自己，是不是自己做错了什么事？是不是自己不够乖？是不是因为自己说错了什么话？所以才导致父母离婚的。父母的离婚让他渐渐把自己封闭起来，并认为不去碰触，就可以假装什么事情都没有发生过。

"我看到你不断在压抑自己，想逃离这一切。"同理天宇的情绪后，我告诉他，"妈妈的离开不是你的错，也不是你造成的，你不需要为爸妈的离婚负责任。"接着我让孩子知道现在的他不是一个人，也不是孤单、寂寞的，有我陪他一起面对，希望他不要再做出伤害自己的行为。

"你可以跟我谈谈爸妈离婚这件事吗？"对天宇来说，这是第一次有一位大人这么认真地邀请他谈父母离婚的话题，一直以来他都将自己视为导致父母离婚的罪人，无法接受妈妈的离开。

✳ 专任辅导老师这样做……

天宇的爸爸在知道天宇的反应后非常讶异，因为在离婚前后，他都没什么情绪出现，还是一样的懂事、认真，所以爸爸也不觉得这件事对天宇有什么影响。只是自从天宇升上初中后，孩子在学校的偏差行为越来越多，爸爸也一直认为孩子是进入了叛逆期，完全没想到原来这是天宇想引起父母的关注。

面对父母的离异，天宇感到不安、焦虑，担心父母不再爱自己，担心自己即将成为没爸爸或没妈妈的小孩，担心没有人在乎自己，焦虑未来的生活，责备自己表现得不够好，责备自己无力挽救父母的婚姻，父母不愿意再和自己一起过幸福快乐的日子。

天宇很爱父母，但也很恨父母，希望能凭借在学校惹事让爸爸生气，让妈妈回到自己的身边，同时他也想打工赚钱来逃离这破碎的家庭。在理解了孩子的想法与感受后，我鼓励爸爸跟天

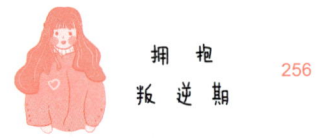

宇有个正向的亲子对话时间，爸爸也愿意很认真地给孩子一个完整的时间，让他好好说说心里的感受，说出心中所有的疑问。另外，爸爸也同意孩子联系妈妈，向妈妈表达自己的思念与爱。

❋ 给孩子完整的时间去接纳

离婚对很多夫妻来说可能只是一个决定，但对很多孩子来说可能是"世界末日"，孩子面对父母的离异会有许多情绪与感受，需要被重视与陪伴。父母离异，孩子要面临父母、亲子、手足和亲友的家庭结构变化，还要面对同学异样的眼光，然而离婚阶段中的大人们通常只将注意力放在处理自己的情绪及生活上，根本无法细心地去留意孩子的身心状况。

很多家长会认为孩子还小，等孩子长大了再告诉他，因为不知道怎么开口而选择欺骗孩子，或是什么话都没说直接离开，其实不管孩子的年龄多小，都能感觉到家庭的变化，如果孩子心中的那些疑惑没有得到解答，就会持续地压抑在心中。

我们需要给孩子一段时间沉淀与接纳，做好"离婚告知"可以降低离婚对孩子的打击，"离婚告知"是一个持续的过程，必须随着孩子的身心发展反复进行，也并非一次就可完成。

✳ 做好"离婚告知"

离婚告知包含八个重点，分别如下。

整理离婚的心情。面对婚姻的破裂，夫妻双方一定会有很多情绪需要整理，在尚未整理好自己的情绪前，请先不要向孩子说明离婚的原因，避免我们的情绪扰乱孩子，待整理好自己的状态后，再好好地向孩子说明离婚原因。

双方共同告知。夫妻双方必须一起告知孩子离婚的消息，如果双方无法共同告知，双方的说法也必须一致，先有共识再告知，避免将孩子卷入大人之间的斗争，也不要把孩子当成传声筒或是惩罚对方的工具，用不带情绪性的语言，让孩子知道这是父母共同讨论决定的。

这不是孩子的错。避免孩子有错误的理解，我们必须让孩子知道父母离婚不是孩子的错，也不是孩子造成的，父母已经做了很多努力，但因为价值观的不同，许多问题无法解决，相处得不快乐，所以才共同决定离婚。离婚之后孩子还是可以同时享有父母的爱和关心，不需要在双方之间做出选择。

让孩子说说自己的感受。安排一个自己与孩子都感到舒服自在的环境，以孩子能够理解的语言说明离婚的原因，同时也让孩子说说自己的感受与想法，允许孩子出现各种情绪来处理

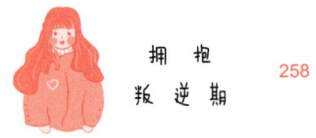

失落与悲伤。当孩子的情绪能被父母稳稳地接住时，孩子就会有被重视的感觉，感受到父母不变的爱。

减少失去与失落。离婚本身对孩子来说就是一种失落，所以要尽量避免再造成孩子生活上的改变。尽量让孩子可以继续在原校就读，继续保有原本的同学团体，允许孩子爱着双方，与双方保持联系，在拥有双方的爱与支持下，孩子较能够快速适应父母离异后的生活。

未来生活的规划。与孩子讨论未来生活的规划，让孩子清楚知道父母离异后的生活，何时跟爸爸见面？何时跟妈妈见面？会跟谁住？住在哪里？一一说明这些人、事、时、地、物，将有助于增强孩子的内在安全感。

合作式父母。离婚后双方也需要建立一个新的关系来共同扶养孩子，给予对方应有的礼貌与尊重，双方的亲友也应该态度一致，避免互相攻击，巩固好孩子们之间的手足关系，让孩子们的手足关系也能成为一股相互扶持的力量。

爱的保证与拥抱。持续关心孩子的情绪，给予孩子爱的保证与拥抱，让孩子感到安心。父母离婚对孩子来说打击很大，我们必须陪伴孩子面对生命中每一个阶段的情绪，让孩子在父母离异后也能快乐地成长、健康地发展，这是一项不简单的任务。

C★ 给家长的陪伴叮咛

告诉孩子"这不是你的错"。肯定地告诉孩子，妈妈或爸爸的离开不是你的错，也不是你造成的，你不需要为父母的离婚负责任。在孩子的世界中，通常只能根据自己所看到或听到的去猜测，努力找出一个合理的解释来说明为什么父母会离婚。孩子容易自责是不是自己做错了什么事？是不是自己不够乖？是不是因为自己说错了什么话，才导致父母离婚的？

离婚是孩子的"世界末日"。离婚对很多夫妻来说可能只是一个决定，但对孩子来说可能是"世界末日"，孩子面对父母的离异会伴随着许多情绪与感受，孩子必须面临父母、亲子、手足和亲友的家庭结构变化，还要面对同学异样的眼光，所以我们必须认真地正视孩子的情绪，与孩子谈谈离婚的意义。

做好"离婚告知"。做好"离婚告知"可以降低离婚对孩子的打击，离婚告知是一个持续的过程，必须随着孩子的身心发展反复进行，也并非一次就可完成，其中包含整理离婚的心情、双方共同告知、这不是孩子的错、让孩子说说自己的感受、减少失去与失落、未来生活的规划、合作式父母，以及爱的保证与拥抱。

Chapter 07

那些辍学、拒学的孩子

他们只是需要陪伴，需要一个亮点

辍学、拒学，其实是孩子逃避压力的一种应对方式，

压力源可能来自心理、生理、家庭或生活。

需要家长与老师合作，

一起找出孩子辍学、拒学背后的真正原因，

满足孩子心中的需求，

让孩子重新走回教室。

一上学就全身不舒服

拒学只是表象，探究背后的成因更重要

拒学的孩子，

背后的原因相对复杂，

往往需要我们花上许多时间来理解、陪伴。

学校、家庭和孩子，

三方必须一起努力，相互配合，

才能让孩子再度无惧地走入教室。

"我头痛。"

"我胃痛。"

"我全身都不舒服，想请假。"

这是姿莹开学以来第五次请假了，班主任发觉孩子的请假次数越来越多，不太对劲，最近更是一周请了三天假，班主任担心她有拒学的倾向，于是请我一起陪同家访。

我跟班主任详谈之后才知道，原来这个月，姿莹已经请过一次长假了，一开始的确有呕吐的症状出现，也开过就医证明，但休息了一段时间后，症状已明显改善，孩子却还是不断请假。

✳ 一提到学校就不舒服

我第一次见到姿莹，她戴着口罩，有点腼腆。姑姑表示孩子从小身体状况就不好，也不喜欢读书，只要一提到上学，就会马上病恹恹的、不舒服，但其实她大部分的时间都是在家玩手机、看电视剧。

"你好，姿莹，我是你们班的辅导老师，你的身体好一点了吗？"我跟孩子单独谈话，顺便搜集相关信息，建立信任

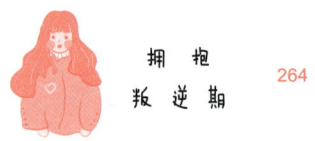

关系。

　　"我有点担心你，所以来看看你。"

　　"老师，我是真的不舒服，所以才请假的。"孩子紧张地向我解释着。

　　"嗯，我知道。"我给了孩子一个微笑。

　　在我什么话都还没开始说的时候，姿莹就已经紧张地解释起自己是真的不舒服要请假。

　　"你在学校里，有没有哪些课或哪些时候，让你觉得特别不舒服呢？"通过这个提问，我想找出姿莹除了生理上的不舒服外，还有没有其他因素导致她在学校里感到不舒服。

　　"嗯，上地理课的时候。"

　　"上地理课的时候？"

　　"因为地理课是班主任上的，班主任很凶。"

　　"还有吗？"

　　"还有同学会给我取难听的绰号。"

✳ 专任辅导老师这样做……

　　"那你明天来学校时，先到辅导室找我好吗？我们可以先一起讨论一下怎么克服这些不舒服。"由于经常请假，姿莹跟班上同学的关系疏离，也不太敢直接入班，担心同学又会像之前一样说自己是在装病。于是我先给孩子一点弹性空间，让她先到辅导室，顺便也可以与她讨论一下入班可能会遇到的困难，以及如何去应对这些困难，协助孩子练习与应对，并清除她心中的那些非理性信念。另外我也针对这段时间的课程进度，请班主任帮忙与各科老师沟通，希望能给孩子一点弹性的空间。

✳ 发现真正的原因

"什么？我不会凶她的。我因为担心她拒学，对她很温和的。""同学取笑她，也都是因为她先去取笑别人的。"班主任听到姿莹这么说时很惊讶，因为自己和同学对她的态度都非常友善，孩子说的并不是事实。

于是我再去向姿莹确认这些在学校的不舒服感，这才发现原来她并没有描述清楚。"班主任是真的对很多人都很凶，只是还没有凶过我而已，但我就是会害怕！""那是因为同学很好笑，所以我才去笑他们的，但我没有给他们起绰号啊！"

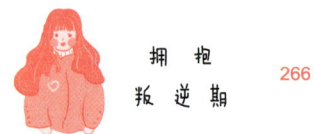
　　我厘清姿莹的这些不舒服感后，班主任刚好打电话来辅导室："刚刚姿莹上英语课突然又不舒服、想吐，但去了医务室检查之后又都没有任何异状。"

　　"姿莹，你刚刚上英语课时想吐？现在还会不舒服吗？"

　　"不会了。"

　　"那刚刚是怎么了呢？"

　　"因为我找不到我的作业本。"

　　"嗯？"

　　"我怕我会被英语老师处罚。"

　　"你担心老师会有什么处罚呢？"

　　"我也不知道。"

　　姿莹预感自己可能会被处罚，所以心理的恐惧导致生理上的不舒服。

　　"那我们一起来想想老师可能会有哪些处罚好吗？"

　　"嗯。"

　　"老师有打过人吗？"

　　"没有。"

　　"骂过人？"

　　"也没有。"

　　"那会罚写吗？"

"嗯，好像会。"

"那罚写是你可以承受或完成的惩罚吗？"

"应该可以。"姿莹想了一下。

孩子在较能预计老师的处罚方式后，轻松了许多，在这个过程中我也发现，姿莹只要是面对没把握的事情，就会开始退缩，出现强烈的身体不适等反应。

＊　复杂的拒学原因

我在协助姿莹适应初中课业后，她的上学次数也多了起来，就在我认为情况即将好转时，某天孩子又突然胃痛请假，家访时她向我抱怨了爸爸："爸爸说这几天要回来看我，居然不守信用，所以我也不想去上学了。"

姿莹在很小的时候就被托付给姑姑照顾，姿莹的爸爸独自一人去东南亚工作。被寄养在姑姑家的她总是缺乏安全感与归属感，担心自己可能又会被抛弃，所以非常依赖姑姑，希望姑姑可以把全部的心思都放在自己身上。但也因为这样，姿莹变得无法独立去面对生活中的各种挑战，容易有软弱、退缩的行为出现。姿莹在学校缺乏亲密的联结后，就会更加依赖家的舒

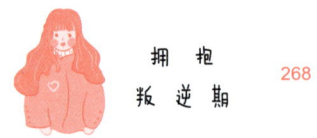

适感，希望整天待在家，把自己浸泡在网络游戏里。这使得姿莹的心理压力影响生理，生理失调再影响心理，形成一个恶性循环。

姿莹一开始的头痛、胃痛都只是表象，因为在处理完她的生理问题、人际问题以及课业问题后，拒学问题仍然存在，这是因为更深层的问题是来自家庭问题所导致的心理因素。

根据研究显示，家庭问题通常是孩子拒学问题的根源，有些家庭问题是因为家庭中最根本的经济问题，孩子因为担心家里没饭吃而无法专心上学。有些家庭问题是因为失功能家庭导致孩子"亲职化"，孩子与主要照顾者发展成一种负向的共依附关系。家庭系统会塑造孩子的个人系统，个人系统又会影响孩子的学校系统，使孩子无法适应学校生活，学习成绩落后，人际关系不良。孩子感到挫败后，反过来损耗个人系统，最终出现拒学现象。

拒学是一种表象，背后隐藏着各种内外在因素，大多数的孩子都会出现明显的身心症状，面对拒学的孩子，我们必须先去厘清孩子拒学背后的真正原因，由家庭、学校与社会共同合作。如果我们只是把目标放在逼孩子就学上，那只会让孩子拒学的情况更加恶化，亲子关系更加敌对。

＊　帮助孩子的三大系统

以姿莹为例，在学校系统部分，通过角色扮演、社交技巧的训练与示范，让孩子练习与人互动，站在不同的立场去回应他人。学习方面找出适合自己的读书方法，鼓励孩子参加学校的活动，在多元的课程中探索自己的兴趣，并提升其成就感，增加就学意愿，营造一个喜欢上学的氛围。

个人系统部分，我利用了学业外的其他优势来建立孩子的自信心，扩充其自我价值感的来源，通过认知疗法来降低预期性焦虑，驳斥姿莹的非理性信念，例如：独断的推论、过度类化等认知扭曲，同时以系统减敏法逐步增加其入校或入班的次数，协助姿莹将生活作息调整回来。

最后，家庭系统部分，也是姿莹最深层的问题，我带着孩子一起去谈心中对于爸爸不在身边的感受，她是如何看待这件事的？如何看待自己在姑姑家的地位与角色？在想念爸爸的时候，可以如何联系爸爸？如何与姑姑之间有更正向、健康的联结，并同时拥有自己独立自主的空间？

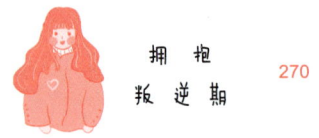
✳ 主要照顾者身心稳定，孩子就会跟着稳定

拒学的孩子会让家庭中的生活变得混乱，容易使家长感到不知所措、身心疲惫。当家庭中有长辈时，可能还得面对长辈的指责与不解，当家庭中有其他子女时，也可能要面对其他孩子觉得被忽略、不公平的感受。

拒学的孩子容易导致家庭生活失序、家庭关系恶化，连带影响夫妻关系，因此家长在协助拒学的孩子时请务必学习照顾自己。因为我在实际经验中发现，当主要照顾者的身心稳定时，孩子就会跟着稳定，因为孩子的情绪与状态都会受到主要照顾者的影响。面对拒学的孩子，配合孩子的步调给予陪伴与支持，同时配合学校的复学辅导相关策略，将有助于协助孩子早日重返校园。

拒学个案一直是初中辅导中很常见的类型，几乎每个学期就会碰到一两位。拒学个案也是最棘手、最耗能的类型，常常一陪伴就是三年。拒学的问题也非常复杂，不是只辅导就可以改变，必须整合孩子的所有系统，包含家庭、学校、个人以及整个社会环境，以团队的力量一起合作，将这些系统加以整合，促使孩子稳定就学。

☪ 给家长的陪伴叮咛

复杂的拒学原因。拒学是一种表象，背后隐藏着各种内外在因素，大多数的孩子都会出现明显的身心症状。面对拒学的孩子，我们必须先去厘清孩子拒学背后的真正原因，由家庭、学校与社会共同合作。如果我们只是把目标放在逼孩子就学上，那只会让孩子拒学的情况更加恶化，亲子关系更加敌对。

孩子的三大系统。根据研究显示，家庭系统通常是孩子拒学的问题根源，家庭系统会塑造孩子的个人系统，个人系统又会影响孩子的学校系统，使孩子无法适应学校生活，学习成绩落后，人际关系不良，孩子感到挫败后，反过来又损耗个人系统，最终出现拒学现象。

主要照顾者身心稳定，孩子就会跟着稳定。拒学的孩子容易导致家庭生活失序、家庭关系恶化，连带影响夫妻关系。因此家长在协助拒学的孩子时请务必学习照顾自己，因为当主要照顾者的身心稳定时，孩子才会跟着稳定，孩子的情绪与状态都会受到主要照顾者的影响。

师生间的紧张关系

每个孩子都希望得到老师的肯定

除了家庭，

孩子们待得最久的地方就是学校，

朝夕相处的老师，

对孩子们来说是一个重要的存在，

而良好的师生关系，

也是孩子健康成长的关键之一。

　　"你不用理我。"

　　"我不需要你的关心。"

　　"你少在那边假惺惺了。"

　　一大早建豪突然跑到四楼的辅导室外，我抬头望了一下，看见他在走廊上来回走，脸上还有几滴泪水。

　　"建豪，你怎么了？"我赶紧上前问道。

　　"你不用理我，我不需要你的关心。"

　　"还好吗，建豪？"

　　"少来，我知道啦，你会关心我还不是因为你的工作而已，少在那边假惺惺了。

　　"我跟你说，学校就是个监狱，学生来学校就只是个念书的工具罢了。

　　"你也只是要学生乖乖念书而已，然后领你的薪水。"

　　建豪的情绪非常激动，每当我想去澄清这些质疑时，就会引来他更多的言语攻击，于是我先安静下来，不澄清也不解释，静静地陪在他旁边，等待他发泄完内心的不满。

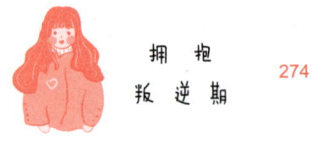

274

✳ 不被肯定的白马王子

两节课过去了，建豪似乎是口渴了，停下来看了看我，我依旧没有出声，孩子显得有点不知所措。我看着他已涨红的脸说："建豪，老师发现你的逻辑思考能力很好，你能一路从学校聊到社会，聊到教育，甚至是人性。"孩子听到我这么说也非常错愕，想继续反驳，却又不知道说些什么，于是我趁机向他提出了要求："建豪，现在好热，老师想跟你商量一件事情，我们能不能一起进咨询室坐着休息啊？"

"好啊，要谈话可以，不过我不会把你当老师，我只把你当朋友聊天，你能接受吗？"

"这当然没问题。"

接着建豪就帅气地转头走进咨询室，霸气地坐上窗台，甩动着双脚，我们俩开始有了"对话"。

建豪对人抗拒、充满防卫，尤其是对班主任，他与班主任的关系非常恶劣，两人之间常常发生冲突，但在他还是初一新生的时候，其实是位彬彬有礼的孩子。有一次下课时，我一个人抱着厚厚的一摞课本，这时建豪从旁边经过，二话不说就把整摞课本接了过去，非常帅气，还被辅导室封为"暖男型白马王子"。但不知道为什么，到了初二后，他开始与班主任争执不断，冲突也越来越大，班主任甚至开始限制建豪每节课下课的休息时间。

"我知道班主任想耗我的下课时间和午休时间，反正我也无所谓。""只要不被管着学习，这样的生活也不错，很自由。"建豪不以为意地说着这些话，但语气中还是带有许多不满。

＊　专任辅导老师这样做……

就这样几个星期后，建豪辍学了。我和主任一起到建豪家进行家访，家访当天孩子一个人在楼上，不想下楼，于是我主动到了他的房间，房门没有锁，我敲了一下："建豪？我是辅导老师，你还在睡吗？老师可以进去看看你吗？"我轻轻地推开房门后，发现房间里的灯是暗的，床上有哭泣的声音。"建豪，你还好吗？"我把房间的灯打开后，看见他躺在床上哭泣，当时我并没有直接问他发生了什么事，而是安静地陪在他旁边，并调整自己的呼吸去同理建豪的感受。"建豪，我能感觉到你很难过，没关系，想哭就哭，我会在这里陪着你。"

短短几十分钟，我不断向建豪传达"我愿意与你同在"的

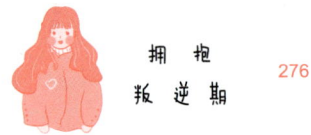

信息，陪伴孩子感受当下的情绪，允许他在自己感到舒适的环境下，用自己熟悉的方式宣泄情绪。尽管我们都没有说话，但建豪也能接收到我的接纳与陪伴，就像当时在辅导室外一样，尽管他不断地以言语恶意攻击，但我还是温柔地接住这些情绪，让他能卸下自己的防卫与自尊，因为我知道如果那时候进行反驳，只会让我离他更远。

✳ 师生之间的冲突

"建豪，谢谢你今天来学校了。"第二天，建豪出现在辅导室，但他非常消极，对自己的生活没有任何兴趣与动力，于是我让他通过"生涯卡"来检视自己的价值观，在这过程中，我也发现孩子有许多互相矛盾的状态。

"建豪，老师发现你在乎的东西很多，你想要有专业能力、地位，也想为此而努力，但同时你又不断告诉自己你不在乎？"建豪没有回应我，看向窗外。

"这是什么原因呢？"

"都是因为班主任。"

"嗯？班主任？"

"反正他不喜欢我,不想看到我,我来学校干什么?"

"你怎么知道班主任不喜欢你呢?"

"因为他处处刁难我啊,在教室里带着全班不理我,我没来的时候还跟全班说我的坏话。"

"如果你是因为班主任而辍学,这样不是很不划算吗?"

"我无所谓。"

"那你今天同样不吃午餐吗?"

"不需要,我没带餐盒,因为班主任规定被罚的人不能盛第二碗饭,我也根本吃不饱。"

"因为不能盛第二碗饭,所以你就干脆不吃?你是不是在跟班主任赌气啊?"

"谁理他。"

跟建豪谈完话之后,我也去找了他的班主任,试图厘清他与建豪之间的关系。

"他不回班上很好啊,如果他要回来,除了要做好原本应该做的事之外,还要有更多更好的表现,这样我才能向其他同学交代。"

"不过建豪这几个星期都辍学在家,一次要他完成这么多事恐怕有点困难,能不能先阶段性地完成一些,再慢慢地调整、增加呢?"

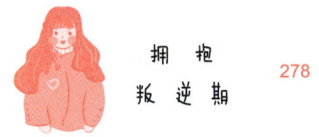

"为什么？他凭什么有特权？"

在跟班主任的会谈中，我感受到班主任非常不希望建豪复学、入班，这让我很生气，也很难过。班主任希望延长建豪的复学观察期，并且严格管控、不容许弹性，并不断设限，以高标准来要求建豪。班主任希望让建豪在复学的过程中感到困难，而这些要求与标准对孩子来说，真的都是不可能完成的任务。

✳ 因为在乎，所以在意

后来通过好几次的个案研讨会，沟通再沟通，我又找了班主任坐下来谈，这次我直接点出班主任与建豪之间的对立关系，我询问班主任不让建豪回到班上的想法是什么，同时也把我的为难说出来。

"其实建豪是想回来的，但回来之后他又会担心被班主任针对、被不公平对待，站在一个辅导者的立场上，夹在中间的我真的很为难……"

"我不让建豪跟班上同学一起活动是因为我担心他乱跑、不守秩序。"

"嗯，这我可以理解，但孩子并不知道，孩子接收到的只有不准与限制，他并不知道你在意什么。或许你也可以说出来，让建豪理解，清楚知道自己可以努力的方向是什么。"

"我没有时间这样一个一个去跟孩子谈。"

"嗯，谢谢你告诉我，其实你还是很关心建豪的，你希望我帮忙修补建豪和妈妈之间的关系，就表示你希望建豪可以更好，而孩子的内心也非常渴望能被你重视，你的一举一动都会影响他的情绪，也是因为这样，我才会希望你们之间的关系可以修补。"

说到这里，班主任的态度也软化了下来，愿意给建豪多一点弹性空间。在会谈结束后，我也不断地去思考，如果今天我是班主任，站在不同的立场，处于不同的角色，我会不会有不同的做法呢？很多事情班主任不是不想处理，而是有很多担忧，可能怕处理不好、怕不够专业，或是怕自己心力与时间不足。但当班主任得知自己对孩子的影响力有多大时，才知道原来自己能给孩子的东西这么多。老师站在教育的第一线，很耗能，很多老师也是需要被倾听、被同理、被看见的。

老师或家长们常常都会说："小孩子比较听辅导老师的话。"其实不然，不是孩子比较听我们的话，而是我们不会在

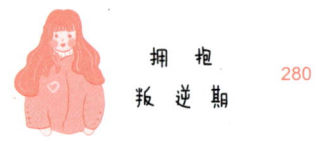
倾听的过程中给予孩子批评或指责。我们会去听孩子说，先跟孩子建立一个互相信任的关系，让孩子知道"我愿意懂你"，然后再带孩子去判断是非对错，引导孩子有更多思考的可能性，陪伴孩子看见、觉察自己内在的需求与渴望。

C* 给家长的陪伴叮咛

陪伴孩子的起点就是"同在"。很多时候老师或家长们都会说："孩子比较听辅导老师的话。"其实不然，不是孩子比较听我们的话，而是我们不会在倾听的过程中给予孩子批评或指责。我们会去听孩子说，先跟孩子建立一个互相信任的关系，让孩子知道"我愿意懂你"，然后再带孩子去判断是非对错，引导孩子有更多思考的可能性，陪伴孩子看见、觉察自己的需求与渴望。

因为在乎，所以在意。每位孩子都希望被重视、被肯定，所以孩子们的内心想法其实也都是非常渴望能被班主任看见的。班主任的一举一动也都会影响孩子的情绪，因为在乎，所以在意，良好的师生关系是孩子健康成长的关键之一。

不同的角色，不同的立场。如果今天我是老师，站在不同的立场，处于不同的角色，会不会有不同的做法呢？很多老师不是不想处理事情，而是有很多担忧，可能怕处理不好、怕不够专业，或是怕自己心力与时间不足。但当老师得知自己对孩子的影响力有多大时，才知道原来自己能给孩子的东西这么多。老师站在教育的第一线，很耗能，很多老师也是需要被倾听、被同理、被看见的。

宁愿请假也要拼事业的男孩

出生顺序也会影响孩子的人格发展

想要证明自己有能力因而忽略学校的孩子，

有可能不是单纯的个人行为，

而是想要在家庭里证明自己，

让自己成为受瞩目的焦点。

"为什么一定要读书？"

"谁说只有读书才能出人头地。"

"我要把阵头文化发扬光大。"

彦甫喜欢流连于庙会活动，在外交友复杂，班主任希望他能把心思多放一点在学校学习上。

第一次与彦甫见面，我对彦甫的第一印象是有礼貌、懂事又成熟。他主动帮我开了咨询室的灯及电风扇，告诉我自己已经习惯大热天了，因为假日他都会到大伯的工地去帮忙，大伯也会给他一些薪资作为零用钱。

✳ 想把阵头文化发扬光大的孩子

"我不认同我们班主任说的，谁说不喜欢读书就是坏小孩！"彦甫很不认同班主任的价值观，也对班主任送自己到辅导室做辅导这件事很不理解，他会在班上带头反抗、顶撞班主任。

"老师你看，这是我昨天参加庙会活动时被碰到留下来的红印。"

"你也太厉害了吧？但你的脚怎么也都是伤痕累累的？"

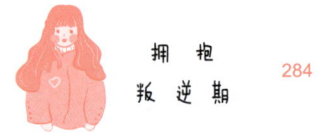

"喔，因为我也常常被鞭炮炸到啊。"

"这样很危险吧？"

"不用担心，小事。"

彦甫的爷爷和大伯都在庙宇工作，平常会参与庙会活动，只要庙宇需要人手帮忙，彦甫就会跟着大伯及爷爷一起出阵，有时候忙碌的话，一天还要赶两场以上的庙会活动。

尽管彦甫的爷爷和大伯都爱参与庙会活动，但彦甫的爸爸不喜欢他去参加，爸爸跟大伯的理念不太一致，认为庙会是个复杂的环境，爸爸担心孩子会在里面迷失自我，所以经常限制他，这导致父子之间有很多冲突。彦甫不能接受爸爸总限制他，而爸爸自己却爱打游戏，常常玩到半夜。"要我少去可以啊，但他也不能总打游戏。"

"老师，我跟你说，我想把阵头文化发扬光大。"彦甫胸有成竹地说着，认真地向我讲解阵头里的各种仪式。彦甫平常会阅读一些有关庙会或阵头文化的资料，所以任何问题都难不倒他。

✳ 专任辅导老师这样做……

就这样，我跟彦甫聊了很多关于阵头文化的话题，接着我问彦甫上周为什么连续三天请病假。

"喔？我不舒服啊。"彦甫的表情有点尴尬。

"三天都不舒服？怎么没有去看医生呢？"

"……算了，老实跟你说吧，是因为庙里有大活动。"

"请假去参加庙会活动？这样是不是不太好啊？"

"不会啊，这是一年一度的大活动我才请假的，平常我也不会乱请假。"

"但是这样你爸爸和班主任不就更反对你参加庙会活动了吗？"

"管他的，反正大家本来就会把不读书和庙会联想在一起，我是不喜欢读书，但跟阵头完全没有关系。"

"既然这样，我们有没有可能两者兼顾，打破大家对阵头的刻板印象呢？"

"好呀，如果可以，我想跟阵头里的一位大哥哥一样，把庙会文化发扬光大。"

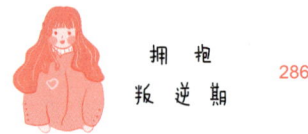

✳ 不惜触犯法律也要拼事业

　　过了几天后，班主任突然来告知彦甫偷了邻居家的钱，金额高达万元以上，尽管孩子不断解释这笔钱是要拿来周转用的，却还是无法交代清楚金钱的去向，且前后矛盾不一。家访时我跟班主任询问了彦甫偷钱的事，孩子激动地说："那是因为大家都不相信我，不帮我，所以我只能靠我自己了。"

　　"靠自己？"

　　"我想建立自己的机构，拼出我自己的事业。"彦甫开始责怪爸爸不支持自己玩阵头，妈妈也只会一天到晚抱怨家里没钱，找不到工作。彦甫认为父母都不懂"出阵"除了有红包领，还有免费的面线可以吃，不明白为什么父母都不支持他。

　　我告诉彦甫他是个很有理想和抱负的人，但是不应该利用这些小聪明去偷钱，可惜孩子完全听不进去。

　　"我不知道，我就是想要有钱。"

　　"偷钱的行为不但无法完成你的梦想，你还要付出很大的代价。"

　　"可恶，我就只差一点点了，如果这次顺利的话，光是订金就有十几万，后续我还可以再拿十几万，这是很了不起的事业呢。"彦甫听不进我说的话，继续说着他的赚钱梦。

✳ 只是想证明能力

面对彦甫的问题，一开始我也以为这是比较偏向个人行为的问题，但是经过深入探索后，我才发现，彦甫这些行为的背后，其实跟整个家庭系统息息相关。每位家庭成员的内在需求都会互相牵动着彼此的关系和行动，这也是彦甫为什么想不断地证明自己"有能力"的原因。

彦甫身为家族中的长子与长孙，自然受到整个家族的宠爱，特别是爷爷和大伯。爷爷为家族中的掌权者，与妈妈的关系恶劣，喜欢批评妈妈，而妈妈与爸爸的关系也恶劣，所以妈妈在这个家时常感到孤独、无助，并不断地自怨自艾，向邻居抱怨自己的家庭、生活以及工作，不断地在塑造一个弱势、受害者的形象，然后又紧抓着备受家族宠爱的彦甫，希望能靠孩子获取一些关注和支持。

而爸爸与妈妈的关系疏离，在家中又没有实质的地位与权力，所以只好不断地反对彦甫参加庙会活动，来巩固自己身为一家之主的权威感。彦甫面对爸爸的不支持、妈妈的弱势形象，就更想去证明自己的能力，于是"金钱"成了他心中证明能力的重要标准。他希望自己可以赶快成为大人，靠自己的能力赚钱，向外界证明自己，以此支持着妈妈、获得爸爸的肯

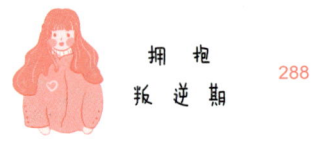

定。同时他也盼望着有一天能改变爸爸、妈妈、爷爷和大伯四人之间的关系。

✳ 家里的那片"星空"

除了爸爸、妈妈、爷爷和大伯四人的因素外，彦甫身为家中的长子及长孙，也希望能在家族中维持一个较高的地位，成为万众瞩目的焦点，防止弟弟妹妹抢走自己的地位与权威，如同阿德勒所提出的家庭系统排列与出生顺序的概念。彦甫在弟弟妹妹出生后，因为有失宠、被冷落的感觉，于是害怕所有大人都将目光转移到弟弟妹妹身上，他开始力求表现，希望能一直是大家注目的那颗星。

每位孩子在家庭系统中的社会结构与心理结构，都会因为出生排行而有所差异，阿德勒将这些出生顺序分为四种，分别为长子、次子、幼子以及独子。出生顺序会影响孩子在家中的地位及其人格发展。孩子在家庭中与其他家庭成员的互动也会影响其人格发展，因此在评估孩子的生活状态时，我们也需要搜集孩子的家庭系统排列及家庭经历，以此找到孩子的个人内在需求。

　　了解了彦甫的家庭系统排列后，我也从彦甫的原生家庭脉络中去分析"每位家庭成员在这个家庭关系上分别想获得什么""在家庭中各自扮演什么角色""每位成员正在面临什么样的问题和挑战""能否有效地完成各自的人生任务""大家希望这个家庭出现什么样的改变"，以协助孩子觉察到每位家庭成员行为背后的目的，以及自己想不断争取权利、能力、关注与肯定的内在需求，在这个家中找出自己的亮点与优势，并重获力量。

C　给家长的陪伴叮咛

　　家庭系统排列与出生顺序。阿德勒提出家庭系统排列与出生顺序的概念，每位孩子在家庭系统中的社会结构与心理结构，都会因为出生排行而有所差异。出生顺序会影响孩子在家中的地位和其人格发展，孩子在家庭中与其他家庭成员的互动也会影响其人格发展，因此在评估孩子的生活状态时，也要一并搜集孩子的家庭系统排列及家庭经历，找出孩子的个人内在需求。

　　找出家庭各成员的需求。了解孩子的家庭系统排列后，

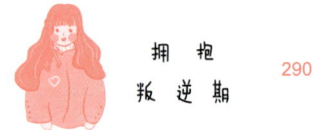

我也回到孩子的整个家庭脉络中去分析"每位家庭成员在这个家庭关系上分别想获得什么""在家庭中各自扮演什么角色""每位成员正在面临什么样的问题和挑战""能否有效地完成各自的人生任务""大家希望这个家庭出现什么样的改变",以协助孩子觉察每位家庭成员行为背后的目的,然后找出孩子在这个家中的亮点与优势,并重获力量。

"大姐头" 的改变

找到亮点，三度辍学生也能发光发亮

面对辍学的孩子，

其辍学的成因是非常复杂的。

除了学校方面和孩子自己愿意改变外，

家庭的支持也非常重要，

需要长时间慢慢调整，

需要有极大的耐心陪孩子走过。

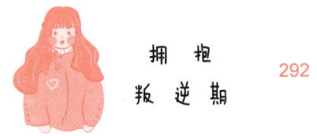
"你以为你是谁啊？"

"老师就了不起吗？"

"信不信我现在就找人来。"

嘉琇在警卫室外不断与老师叫嚣，一边打电话找人来"支援"，一边把手上的东西往地上砸，旁边还有一位已辍学的孩子跟着，两人一搭一唱。

嘉琇一开始被转介到辅导室，是因为在班上警告、威胁同学，同学们都不敢惹她生气。初三的时候嘉琇被通报辍学，她认为来学校只是在浪费时间，班上也没什么真心的朋友。班上同学确实也都非常厌恶她的脾气，希望嘉琇永远都不要再回到班上来了。嘉琇与爸爸的关系也非常恶劣，两人只要情绪上来就会翻脸不认人，之后她加入了社会上的小团体，大部分的时间都在外面闲逛，每天半夜就跟校外的朋友一起爬山、夜游。

✳ 专任辅导老师这样做……

辍学、拒学，是校园辅导工作中最常见，也是最棘手的问题，辍学是一个系统下的产物，无法只从单一方面下手，是孩子们逃避各种压力下的应对模式。这些压力与困扰可能来自心理、生理、家庭或生活，我们必须找出孩子辍学背后的真正成因，探索孩子们心中的需求与匮乏，以多管齐下的方式来改善孩子的辍学现象。

孩子辍学的危险因素可分别从个人、家庭、学校及社会四个方面来探讨。首先为个人因素，不利的身心条件包含生理、心理、认知以及行为层面。生理上体弱多病、身体残疾或药物滥用；心理上情绪易怒、忧郁及焦虑等，面对压力时容易出现恐惧或退缩的心理防卫；认知上较缺乏自信，容易否定自我，无法抗拒诱惑；行为上反抗权威、缺乏自制能力以及喜欢寻求刺激等。

其次为家庭因素，家庭是青少年成长中关键的场所之一。许多青少年的人格与价值观养成都仰赖于家庭，而现今家庭结构的改变，导致许多功能不健全的"脆弱家庭"出现。孩子们缺少重要他人的关爱与照顾，缺乏归属感，转而向外寻求更多其他亲密关系。当家庭中的亲子关系疏离、亲子双方缺乏良好的沟通或是父母管教过于严格、放纵等，都会更容易使孩子产生拒学问题。

再次为学校因素，孩子在学业上缺乏动机，学习态度消极、对未来的生活丧失期待与目标，长期的低成就状态，容易使孩子渐渐讨厌上学，生活缺乏重心。当孩子与老师或同学们

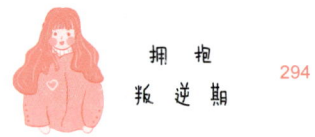

的关系疏离时，因缺乏支持性的伙伴及正向的榜样，也会使辍学、拒学现象加剧。

最后为社会因素，现在网络发达，在追求物质财富的社会中，孩子容易偏爱感官刺激上的满足，对娱乐场所感到好奇，会经常出入不良娱乐场所或结交复杂的朋友或网友，这也容易使孩子的生活圈变得更复杂。

辍学不能只从单一危险因素探究，必须了解各个因素之间的关系。例如：社会经济地位低的孩子可能会因为无法专注读书而辍学，但也有可能是因为文化刺激不够，在学习上陷入了习得性无助而辍学。家庭与社会因素影响着个人因素，个人因素又影响着学校与家庭，因此家庭、个人、学校及社会中的危险因素都有可能是彼此的引发因素，不可分开而视。

✳ 陪伴，拉近与孩子的距离

"来学校没意义啊。""我看谁都不爽啦。"嘉琇对于辍学感到无所谓。班主任也明示、暗示地抱怨只要她一来学校就会闹事，大家都不喜欢她回来。我也只能不断提醒嘉琇到校，尽量帮班主任向嘉琇传达班级上的相关事务。

直到某一天，我突然接到嘉琇的电话，她与男友发生意外车祸，男友伤势非常严重，正在加护病房进行抢救。我和班主任赶紧冲去医院探望，嘉琇的爸爸也赶到了现场，嘉琇只有轻微的皮肉伤，但男友全身插管，嘉琇不停哭着，我们也陪着她一起轮流进加护病房探望男友。

最后男友不幸离开了，嘉琇很伤心，然而这场事故也意外地拉近了我们的距离，打破了嘉琇和爸爸之间的那道墙。尽管爸爸很不认同这位男友，但也陪着她一起祈祷、为男友祷告，全心全意在一旁照顾嘉琇的身体和情绪。

＊　想改变的心最可贵

过了一个星期后，我跟班主任一如往常进行家访，但这次的家访很不一样，嘉琇特地在门口迎接我们，还泡了茶给我们喝，她向爸爸签了保证书，承诺明天如果她没有到校就把烟戒掉。

虽然隔天嘉琇还是没有出现，但她特意传了信息向我说明原因，尽管我知道那是借口，但这表示她开始在乎我的感受了，于是我把握住这份信任关系，持续与她沟通并等待着，最

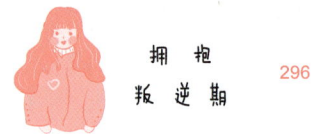
后嘉琇终于在一周后到校了。只是稳定上了几天课后，她又因为跟同学起冲突，二度辍学。

"我知道你其实很在乎自己与同学的关系，不然你不会这么气自己。"这次的冲突是因为嘉琇想当"和事佬"，帮同学解决纠纷，但不小心闹出更大的纠纷。尽管在班上她是小霸王，但只要班上有人被别班同学欺负，她就想跳出来保护他们，这对嘉琇来说就是一种义气的表现。"我也不知道为什么，但我就是想帮忙。"

在嘉琇二度辍学的家访中，嘉琇告诉我："老师，其实我是想改变的，我想离开我现在待的小团体，但是好难。"

"嗯。"

"我觉得一直很累，每天看着大家打架闹事，时不时就送医院，我也在想我当初的选择是对的吗？"

"那如果人生重来一次，你还会想加入吗？"

"不会，但我也不知道自己能做什么。"

"你很勇敢，光是有这个想改变的念头，就很不容易了。"我没有给嘉琇答案，只是肯定了她想改变的心。

✳ 不只看见亮点，也要创造亮点

由于嘉琇在学校与家庭生活中，一直没有一个可以被看见的亮点，于是我决定为她创造亮点。辅导不只是要看见孩子的亮点，也要能为孩子创造亮点，于是我拿了一把尤克里里给她："嘉琇，要不要玩玩看？这会是一个很棒的体验。"嘉琇摸了一下："这我不会，虽然我觉得弹乐器很帅，但我什么乐器都不会，连吹直笛也不会。"

我鼓励嘉琇，不断给予她回馈、肯定，带着她从怎么拿，怎么拨弦，怎么看谱，一步步到弹音阶、弹节奏、弹和弦。通过乐器的熏陶，嘉琇也发现自己越来越能沉得住气，情绪越来越稳定。她在练习的过程中也会因为自己一点点进步而感到愉悦、满足，然后也会因为一点点的失误而感到挫败。在这里我第一次看到嘉琇对自己的坚持，坚持弹对每个音和每个节奏，这是孩子对自己认真的态度，她甚至会为了练习尤克里里而开始主动到校上课。

尽管在这过程中，嘉琇又因为一个小小的冲突三度辍学，但这一次她很快就回来了，回来之后她还主动向我提出想做的事："老师，我毕业前想在全班及班主任面前弹一首曲子。"

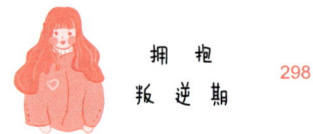

✳ 互相陪伴的力量

"对这个世界如果有太多的抱怨……"听着嘉琇自信地弹唱着，坐在台下的我不自觉赞叹："这是一幅多么美丽的画面！"一位火爆的"大姐头"找到了属于自己的人生舞台，尽管中间有许多波折。

毕业时嘉琇还写了一张卡片送给我："初中三年最感谢的就是你了，你教了我很多，尤克里里、吉他、唱歌。也是你把我拉回来，从辍学到复学，中间真的发生了好多事情，谢谢你开导我，真的很爱你！"

我想说，孩子，谢谢你，现在想起那段时光，看似是我在陪伴你，其实也是你在陪伴我，这就是互相陪伴的力量吧，也是助人工作最有魅力、最有价值的地方。

☪ 给家长的陪伴叮咛

辍学是系统下的产物。辍学无法只从单一方面下手，辍学也是孩子们逃避各种压力的应对方式。这些压力与困扰可能是来自心理、生理、家庭或生活，因此我们必须找出孩子辍学背后的真正成因，探索孩子内心的需求和匮乏，多管齐下协助孩子重返校园。

影响辍学的危险因素。容易导致孩子辍学的危险因素可分别从个人、家庭、学校及社会四个方面来探讨。个人因素包含生理、心理、认知及行为层面。亲子关系冲突也容易产生辍学问题，孩子在长期的低成就状态下会加剧辍学现象，如果孩子偏重于感官刺激上的满足，也会使生活圈变得更复杂。

不只看见亮点，也要创造亮点。当孩子在学校与家庭生活中，没有一个可以被看见的亮点时，我们也可以主动为孩子创造亮点，"既然找不到亮点，那就由我们给些刺激吧"，让辅导不只是看见孩子的亮点，也能为孩子创造亮点，使孩子从中增强自己的成就感与自信心，看见自己的优势与潜能。

Chapter 08

一起走入孩子的心

真正理解孩子的想法与期待，
让青春期的亲子时光更美好

父母总觉得孩子长大后就变了，

和小时候的乖巧模样判若两人。

但是我们忘了，孩子正在成长，

正在面对自己身心的剧烈变化，

他们需要的是我们更多的陪伴与关心，

孩子外在的行为可能只是一种掩饰，

身为父母请敞开心房，

走进孩子心中，听听孩子怎么说。

孩子只希望父母懂

从今天开始，练习与孩子聊天

青少年有时候只是需要父母多理解一点而已，

他们并没有变，

只是正在经历一段成长。

他们也不再是从前的小孩子了，

父母需要用更开放的态度来和孩子相处，

让亲子关系不再紧绷。

"老师，我昨天又跟爸爸起冲突了。"

"我要离家出走了。"

"再见。"

一大早六点多，我收到孩子发来的信息，让我瞬间清醒过来。

"喂？勇志？你现在人在哪里？""发生了什么事？""先跟老师说说好吗？"

原来昨天晚上爸爸要停掉勇志的无线网络，导致父子两大吵了一架，孩子不愿意向我透露目前他在哪里，只表示自己很安全，在一位朋友的店里。

随后我进行了家访，爸爸对于勇志的离家出走非常无奈。"唉，他小时候明明是个很乖的小孩啊，小学时还曾经考过全班第一名呢，不知道为什么到了初中后整个人都变了，我也很难跟他沟通，没办法管他了。"在爸爸的言谈中，我可以感受到爸爸很关心孩子，但不知道怎么与孩子沟通，让孩子知道自己的关心和担心。于是我先肯定了爸爸，接着邀请爸爸一起来讨论如何贴近勇志，去了解他的内心到底在想什么？

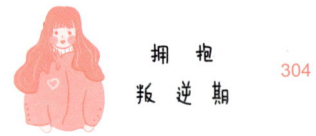
✳ 专任辅导老师这样做……

针对停用无线网络这件事情，其实爸爸是希望勇志可以有更多的时间睡觉，但爸爸没有与勇志说明停掉无线网络的原因就擅自停掉，在一个没有讨论的状态下，两人当然会起很大的冲突。

✳ 三明治沟通法则

当我们想要给青少年一些建议或给予指教时，可以利用"三明治沟通法则"，就像三明治一样，利用上下两层的正向"肯定吐司"来夹带着中间那一层的"建议吐司"。三明治沟通法则不论是亲子之间、师生之间，还是亲师之间都很好用，第一层有认同、肯定，第二层夹带着建议或不同观点，第三层再带着鼓励及希望。

首先，爸爸可以先肯定勇志最近表现不错的地方，或是原本就有的优势与特质，先不要急着责备，因为比起指责，孩子更希望父母来找自己的第一句话是正向的肯定。先有一个好的感觉作为开始，例如："你最近上学都很准时，做得很不错，一定付出了很多努力。"

　　其次，在正向的肯定后面要提出建议，不要用指责或批评的方式，可以使用疑问句来表达我们的诉求。例如："最近好像花了比较多的时间在手机上面，这样会不会影响你的睡眠质量和时间啊？如果把使用手机的时间减少一点，会不会让自己更能轻松完成准时上学这件事？甚至有更多的时间可以运用？"

　　最后，再回到孩子身上，鼓励并给予他肯定，邀请孩子一起试试看看，例如："你是个很有实践力的人，我们要不要先试试看？调整看看？因为爸爸也希望你能睡得更好，更轻松地不迟到。"

＊　孩子希望被理解

　　第二天一早，勇志到校了，昨天一整晚他都没有回家。

　　"勇志，我知道你和爸爸是因为无线网络的事吵架，但你一晚都没回去，爸爸会担心。"

　　"他整天只会碎碎念，根本不懂我，比外面的朋友还不懂我。"

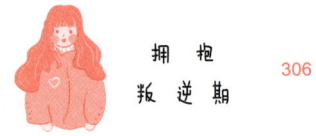

"但昨天家访的时候，爸爸跟我提到他其实很想了解你。"

"他怎么可能这样说。"

"是真的，其实爸爸一直想跟你更亲近，只是不知道怎么亲近，也不知道怎么表达。"

"怎么可能？我不相信。"

"而且爸爸还一直说你乖巧，一直赞美你，像是……"

勇志惊讶地听我说着，尽管嘴上不断反驳，但还是感到很开心。

孩子都希望父母能懂自己，知道自己在想什么，即使不说，父母也应该要知道或猜到，但事实上这是不可能的。而父母到底该怎么走入孩子的心呢？我们都知道要倾听，但为什么在倾听完后，还是无法走入孩子的心呢？曾经有家长很无力也很无奈地表示："我想听孩子说啊，但他就是不肯跟我说。"

这是因为很多家长认为的"倾听"，对孩子来说其实根本就是在"找碴儿"。

✻　确认、敷衍、说教，并不是倾听

"今天过得怎么样？"

"还好，体育老师让我们自由活动。"

"喔，还有其他的吗？"

"没有啊。"

"没有？班主任没有说什么上课要注意的事吗？你的功课跟考试怎么样啊？"

很多时候家长的倾听其实是在确认，确认孩子是否完成了自己交代的事。确认孩子是否符合自己的期望。家长只是想听自己关心的部分，例如：老师有没有交代什么作业和考试。当孩子跟家长聊到生活或游戏时，家长也可能只是一句"喔""不要一天到晚玩游戏""我不懂游戏"等简单带过。久而久之孩子当然也就不愿意再和你聊些什么了，甚至还会在心中觉得父母不关心自己，只在乎功课。

当孩子兴高采烈地在分享自己的事情时，有些家长可能会因为忙碌而敷衍回应："喔。""真的吗？""不错啊。"这些话看似是回应，但对孩子来说就是在敷衍，孩子能理解父母很忙碌，但心中或多或少还是希望父母也能好好地听自己说话。

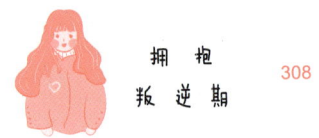

"这应该是要这样做才对。""你就是这样，才会一直没有进步。"这是很多家长常犯的一个错误，就是在孩子话说到一半时不自觉地说教。孩子认真分享着自己的事情，却换来指责与否定，面对这样的说教，对孩子来说就是一种压力，分享只会带来父母更多的唠叨，那何必分享呢？

建立良好亲子关系的首要前提就是做好倾听的工作，倾听孩子时，专注是非常重要的，专注可以让孩子感觉自己被重视、被接纳，进而增进亲子之间的信任。

专注包含生理上的专注以及心理上的专注，关于生理上的专注，社会心理学家艾根提出了"SOLER"原理，S表示面向对方、O表示肢体持开放的姿态、L表示身体向孩子适当地前倾、E表示保持眼神适当接触、R表示心情放松。

而心理上的专注即为积极的倾听，搭配非语言信息，在倾听中也可以适时加入"情感反映"及"复述"等技巧，确认孩子的感受与想法，并且跟孩子建立一个专属于你们的谈心时间，每天大约半小时。谈心时间不只可以让我们去听听孩子的心，也能让孩子们练习怎么表达自我。

✳ 孩子的期待与失落

"既然你期待爸爸可以懂你一点，那就告诉爸爸吧！"

"我不知道怎么说，而且我也不敢。"

我带着勇志一起讨论心中的恐惧，原来他对于爸爸时时刻刻都在跟其他朋友讲电话，把心思放在外面的朋友身上这件事非常在意，但他又不敢去指责爸爸，也不知道怎么说出自己的期待与失落。

"如果不敢开口，那要不要用写的方式？"我们讨论出以小纸条的方式，把想说的话写下来，偷偷放在爸爸的房间，这样就可以避开与爸爸面对面的尴尬与恐惧。

几天后，勇志带着一副不可思议的表情来找我，"老师！我写给我爸的小纸条，他居然看了，而且还回信给我。"

"哇！"我开心地回应着勇志。

"昨天我回到家之后，突然很想开口跟他说些什么，但后来我只说了'对不起'，没想到他居然哭了，然后我也哭了。今天早上他还握住我的手帮我取暖。"勇志很意外只是一张小小的纸条，居然会带来这么大的改变。他很开心自己找到了克服恐惧的方法，也跟爸爸有了更多的交流，原来爸爸是真的很重视自己。

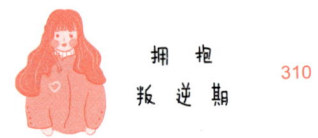

✳ 和孩子聊天的技巧

当孩子不愿意开口说话时，可能会有几种原因。有些孩子沉默是因为正在思考刚刚说的话，或刚刚所发生的一切；有些孩子则是和勇志一样，心中有很多话想说，却因为不知道怎么表达而选择沉默。面对不善于表达的孩子，我们需要有更多的引导，协助孩子整理思绪。我们可以试着给孩子一些封闭性问题，例如："你觉得爸爸不懂你哪些部分？""功课的事？""学校的事？""与同学之间？""还是在家里的时候？"以"是"或"不是"来让孩子回答，然后再依据孩子的回应去推测问题。

面对冷冰冰的孩子，我们也可以先试着从孩子喜欢的话题下手，改变无聊的对话，让孩子越说越多。曾经有位孩子在晤谈期间很冷漠，但当我跟孩子聊到游戏时，孩子的眼睛瞬间发亮，我们开始有了大量的对话。"你有在玩跑跑卡丁车吗？""当然，老师你该不会也在玩吧？""玩啊，但好难，我都跑不赢别人。""这很简单的，我都玩腻了，我教你，你可以先去看教学视频，然后……"

青少年阶段的孩子们，虽然不容易主动开口与父母聊天，但也不是不可能，孩子不知道怎么跟父母聊天，不知道原来自己可以跟父母聊这些，原来父母不是只有限制、命令或指责而已，原来父母也能跟他们有共同的兴趣和话题。在倾听孩子的过程中，跟随孩子的步调，告诉孩子不用担心，不用害怕说对或说错，就算是一个字、一句话也可以。我们不评价、不分析也不急着给予孩子建议，先稳稳地接住孩子说的每一句话和每个感受就好。

C* 给家长的陪伴叮咛

三明治沟通法则。当我们想要给青少年一些建议或给予指教时，可以利用"三明治沟通法则"，就像三明治一样，利用上下两层的正向"肯定吐司"来夹带着中间那一层的"建议吐司"。三明治沟通法则不论是亲子之间、师生之间，还是亲师之间都很好用，第一层有认同、肯定，中间夹带着建议或不同观点，第三层再带着鼓励及希望。

别把"倾听"当作"找碴儿"。很多家长所认为的倾听，对孩子来说其实根本就是在找碴儿，比如确认孩子是否完成了自己交代的事？确认孩子是否符合自己的期望？因为忙碌而敷衍地回应："喔。""真的吗？"在孩子话说到一半时不自觉

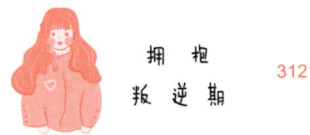

地说教："这应该是要这样做才对。""你就是这样，才会一直没有进步。"久而久之，孩子当然不愿意再开口与父母分享事情。

　　倾听中的专注。家长专注倾听可以让孩子感觉到自己被重视、被接纳，进而增进亲子之间的信任。专注包含生理上的专注以及心理上的专注。生理上的专注包含面向对方、肢体持开放的姿态、身体向孩子适当前倾、保持眼神适当接触、以放松的心情倾听。心理上的专注即为积极地倾听，搭配非语言信息，在倾听中适时加入情感反映及复述技巧，也可以确认孩子的感受与想法。

给出有品质的陪伴

孩子需要的陪伴，不在时间长短，
是陪伴的品质

许多父母为了孩子，日夜奔波，

把孩子的需要放在第一位，

但往往忽略了自己的心情，

忘记了自己也需要照顾。

其实，每日生活在一起的孩子，

是连最细微的情绪都能感受到的，

父母要记得，先照顾好自己，才能给孩子最需要的陪伴。

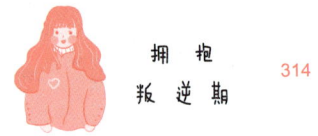
"老师，我可以找你聊聊吗？"

"不知道为什么我妈妈都不理我。"

"怎么会这样，老师？"

刚上完辅导课，怡君就默默地往讲桌移动，趁没人注意的时候，快速递给了我一张小纸条，我把纸条折了起来，抬头看一下她，示意怡君一起到辅导室聊聊。

"怡君，你说妈妈突然不理你？"

"嗯。"孩子的眼神中透露着失落。

"是发生了什么事吗？"

"我也不知道。"

"那妈妈在什么时候开始不理你的？"

"好像是两个星期前吧。"

两个星期前，怡君的妈妈突然变得很冷淡，当怡君想主动靠近、找妈妈聊天时，妈妈都对她不理不睬的，面对这样的状况，她也很想直接询问妈妈，但又怕妈妈生气，所以只好不断猜测，也不知道该怎么办，为此她感到难过又困惑。

＊ 找出妈妈不理她的原因

"那我们先一起想想可能的原因有哪些吧。"

我陪着怡君一起寻找原因，在学业方面，妈妈对她的学习并没有太大的要求，只要怡君努力了，都不会有太多意见，针对孩子的选择与决定，也都会给予尊重。在生活方面，怡君在学校的表现都很优秀，也没出现过什么偏差行为，这让妈妈非常放心，怡君与班上的同学也都相处得非常融洽。

"老师，我到底哪里做错了？为什么妈妈突然就不理我了呢？"

"嗯……那如果请哥哥帮忙询问看看呢？你也可以在一旁偷偷观察妈妈的反应。"

"好。"

一天后，怡君依旧满脸失望地跑来找我。

"老师，我哥哥帮我问了，但妈妈还是没有回应。"

"那你有观察到什么吗？"

"我发现妈妈不理我，但会理我哥哥，他们都会说话，也都有互动。"

"是吗？那如果你直接去向妈妈说出自己的疑惑和感受呢？"

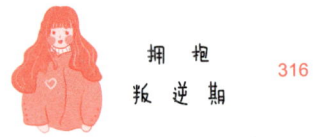
"要怎么说呢？"

"没关系，我们直接来演练看看。"

"演练？"

"没错，现在你先假设妈妈坐在那张椅子上。"

怡君不敢直接询问妈妈，所以我带着孩子练习表达自己的情绪和感受，通过演练，让孩子听见自己的声音，也可以减少因猜测妈妈的情绪而产生的恐惧心理。

✳ 专任辅导老师这样做⋯⋯

"老师，那我要怎么开口比较好？"

"我们可以以'我'作为开场白，让妈妈知道你不知所措、难过的感受。"

我带着怡君一起练习以"我"为开头的沟通模式，以第一人称取代第二人称，先描述主要的事件，例如："我发现最近想找妈妈聊天的时候，妈妈你好像都不太想理我。"接着在描述完事件后说出这个事件对自己的影响或感受："我不知道应该怎么办？有点难过，也有点担心。"最后再加入自己的期待与希望："我希望妈妈可以告诉我怎么了？也希望我们能像之前一样开心地聊天。"

✳ 拼命撑住的母亲

一天后，怡君终于满脸笑容地来找我。

"老师，我昨天晚上跟妈妈说话了，我问了妈妈是不是我让她生气了？结果妈妈说没有，她说是因为最近很烦躁，所以才不小心忽略了我。"

在怡君说出自己的感受后，妈妈也非常惊讶，这才意识到原来自己的烦躁在不知不觉中已对怡君造成伤害。后来我进一步深入了解才知道，原来妈妈最近突然不理会怡君，是因为与前夫发生了一些争执，是有关怡君和哥哥的。两人当初离异时已谈好怡君跟着妈妈，哥哥跟着前夫，但后来前夫出了一点状况，无法继续照顾哥哥，妈妈只好一个人带着两个孩子。突然加了一个孩子的开销与教育问题使妈妈负担变重，而哥哥最近又经常在学校惹事，让妈妈心力交瘁、心情郁闷、烦躁又焦虑，所以才不小心忽略了可以不需要特别去照顾的怡君。

"唉，说真的，我身边也没有任何亲朋好友可以帮忙，有时候也觉得好无助。"在亲师会谈中，妈妈表示这些经济压

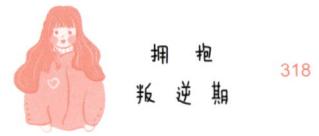
力、生活压力以及教育压力已经把她压得快喘不过气来了，每天都觉得很焦虑、很烦躁，睡眠质量也跟着下降，甚至开始怀疑自己是否有能力同时照顾好两个孩子。"我根本不知道该怎么当一位优秀的母亲，这些压力压得我好累，面对婚姻的失败，我也曾经想放弃一切，但后来想到这两个孩子，我才又努力坚持下来，拼命地撑住。"妈妈说出这些话后，眼泪也控制不住地掉下来，把长期压抑在心中的情绪都宣泄出来了。

"怡君妈妈，我们都听到了，也都知道了，你一直很努力在照顾孩子，照顾这个家庭。"我看了一下她，"但作为妈妈，你有好好照顾你自己吗？"

妈妈抬起头看了看我，我继续说："照顾好孩子的前提是要先好好照顾自己，这样我们才能给孩子一段有品质、有温度的陪伴，成为孩子最重要的靠山，因为照顾好自己，也是作为父母最重要的职责。"

✳ 创造自己的疗愈生活

许多家长都会将孩子视为生活的重心，把全部的心力和时间都留给孩子，但在投入的过程中，我会告诉家长，请留一些时间和空间给自己吧，因为孩子不是你的全世界。如果你的人生只剩下孩子，那孩子也会有一股莫大的压力，反而使亲子关系有更多的摩擦与冲突。每个人都会有自己的情绪和压力要照顾，先照顾好自己反而可以给孩子更有品质的陪伴，同时也能让孩子从中去学习父母自我照顾的能力。

"不过我光是工作和家务就快忙不过来了，根本无法腾出时间照顾自己。"

"如果挪不出时间，那么可以试着在原本的例行公事中进行。"

我带着妈妈一起思考有没有可能在原本的工作或家务中，加入一点点解压的活动，让自己能更放松或更投入。比如，做家务的时候，可以听着自己喜欢的歌，边哼边唱；做饭的时候，可以加入自己喜欢的食材，设计不同的菜单或进行不同的摆盘；打扫的时候，可以将空间收纳或摆放方式调整为自己喜欢的样子，营造出不同的生活风格，收纳与整理不但可以达到静心的效果，让物品整齐归位也可以减少下次翻找的时间。

当我们专注某一件事情时，就能感到放松与疗愈，像是专注地吃饭、专注地睡觉或专注地走路。让自己有意识地去觉察当下，包含每一个提起、移动或放下的动作，感受每一处肌肉的伸展与收缩，这即为"正念减压"，长期的练习可以让我们

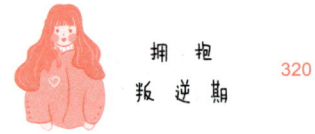
更专注当下，以达到平静、放松的效果。

除此之外，我也向怡君的妈妈分享许多其他家长自我照顾的疗愈生活，像是刻意挪出一个时段做些自己喜欢的事，例如：插花、骑自行车、慢跑或每周与社区的朋友一起跳舞，通过运动产生内啡肽等化学物质以改善情绪，同时也能增强自信心，在与人交流的过程中获得被支持的能量。

✳ 辅导始终都不是一个人的工作

不论是教育还是辅导，始终都不是一个人的工作，每位家长都需要有自己的支持系统，而学校就是最直接、最容易给予支持的单位。

在亲师会谈后，怡君的妈妈也调整了自己的心态，针对哥哥的偏差行为，不再认为是学校在找麻烦。怡君的妈妈开始主动与学校配合，积极与老师讨论相关的教养方式及沟通技巧。另外，怡君的妈妈也肯定自己一直以来的付出与努力，练习让自己好好休息，温柔地照顾着自己的情绪，让自己更有能量去陪伴孩子。

C⋆ 给家长的陪伴叮咛

照顾好自己，才能给出有品质的陪伴。许多家长都会将孩子视为生活的重心，把全部的心力和时间都留给孩子。我会告诉家长，请留一些时间和空间给自己吧，因为照顾好孩子之前，要先好好地照顾自己，这样才能给孩子一段有品质、有温度的陪伴，成为孩子最重要的靠山，照顾好自己也是作为父母最重要的职责。

创造自己的疗愈生活。可以试着在原本的工作或家务中，加入一点点解压的活动，例如：做家务时听着自己喜欢的歌；做饭时加入自己喜欢的食材；打扫时将空间收纳或摆放方式调整为自己喜欢的样子，营造出不同的生活风格。专注当下的每一件事情，长期的练习"正念减压"也可以达到让我们平静、放松的效果。

辅导始终都不是一个人的工作。不论是教育还是辅导，始终都不是一个人的工作，每位家长都需要有自己的支持系统，而学校就是最直接、最容易给予支持的单位。

沉迷，也许只是缺乏安全感

喜欢网络世界大于现实世界的孩子，其实心里有着对家的渴望

上网成瘾是现代青少年的常见状况，

家长要做的事，最重要的不是限制、责备，

而是去理解孩子成瘾的原因，对症下药。

说不定你会发现，

孩子只是在另一个世界里寻求温暖和鼓励，

因为在现实生活中，他们感受不到爱。

　　"你们根本不知道我要的是什么！"

　　"为什么我的爸妈是这个样子的？"

　　"这个家根本不是我想要的。"

　　怡如边哭边吼，释放自己内心所有的不满，妈妈也很惊讶，原来孩子压抑了这么多的怨恨和痛苦。

✳ 家庭中的小风暴

　　怡如两天无故未到校，我和班主任一起家访时，怡如的爷爷和奶奶看见我们，就从对面的一条街上走了过来说："唉，孩子的妈妈管教不严，孩子每天就知道打游戏，让老师们费心了。"

　　爷爷奶奶带我们到了三楼，怡如已穿好校服躺在床上。"怡如，你还在睡吗？我和班主任一起来看你了。"孩子用棉被包住头，不想回应我们。由于班主任想先跟她聊聊，所以我到一楼的客厅等待。在等待的过程中，突然听见班主任在三楼跟孩子有了激烈的对话，怡如对着班主任大吼："你就是没有办法帮我！"而班主任也很大声地回应："那你要讲出来啊，我才能帮你啊，我们一起面对，就算不能帮，也能一起想办法

减轻。"最后，班主任独自走下楼，脸色非常难看，对我摇了摇头后便直接离开了。

"老师您好，谢谢老师今天特地来家里找怡如，但今晚家里可能会有个小风暴了。"深夜十一点多，怡如的妈妈发了一条信息给班主任，信息中还夹带着一段孩子对着妈妈大吼的视频，妈妈很无奈地表示自己都有在管控孩子上网的时间，但只要把网停掉，她就会抓狂，不只大吼大叫的，还会生气摔东西，也因为这样，妈妈才会一直迫于无奈让她继续使用网络。

第二天一早，怡如一样未到校，我和班主任再次家访，孩子的奶奶表示孩子昨天晚上都没睡觉，窝在房间里打游戏，饭也不吃。奶奶伸手想硬拉怡如起床，怡如一怒之下，猛烈地敲了床板好几下，吓得奶奶赶紧停手，无奈地摇着头离开房间。

"怡如，我是辅导老师。"孩子还是用棉被包住头，不想回应我，我只好走到她的床边坐了下来说，"怡如，我听奶奶说了，你昨天晚上几乎都没睡？还好吗？感觉你有很多心事。如果可以，老师希望你能来学校跟我聊聊，我希望我不是只能当那个要你来上课的老师而已，而是能真的让你把心打开的那个人。"说完，我不想给孩子压力，于是就直接与班主任离开了。

✻　专任辅导老师这样做……

接着，连续好几天的家访，我都只是关心怡如有没有睡好，有没有吃饭，然后就离开。没想到过了一周后，怡如终于来到学校了，我很开心地带着她走进咨询室，尽管孩子还是用外套罩住自己的头。

"怡如，真开心你来了，你愿意跟我说一说你的烦心事吗？"

"我不喜欢我的家。"

"不喜欢你的家？"

"嗯。"

"不喜欢哪些方面？"

"全部。"

"怎么说？"

"我不喜欢每次提到我们家时，那些东西我都没有。"

"你是指哪些东西？"

"别人的妈妈会陪他们吃饭、说心事，别人的爸爸也会带他们出去玩，但我爸妈就是不会，他们可能不喜欢我吧，就像爷爷和奶奶不喜欢我妈妈一样。"

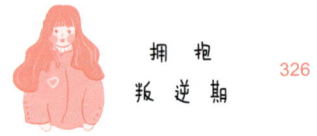
✳ 为自己的家感到丢脸

怡如的爸爸和妈妈因为工作需要，每天都得早出晚归。爸爸对家里的事漠不关心，妈妈光是应付工作就很困难了，没有多余的心力再去负担工作以外的事。怡如每次向同学提起自己的家时，都会觉得很丢脸，认为自己家的条件比不上别人，家人之间陌生又疏离，但她又无法选择，因此感到很痛苦，想离开却也只能继续待着。于是怡如开始怨恨爸爸、怨恨妈妈、怨恨爷爷、怨恨奶奶，抱怨为什么这个家无法像别人家一样。

而网络世界可以让怡如暂时忘却烦恼，忘掉自己对这个家的无力与不满。

"我喜欢在网上跟网友们聊天，如果没有手机我就不能活。"

"手机对你来说很重要？"

"对，没有它，我就没有安全感。"

"安全感？"

"因为手机里面有我所有的朋友，而且每天陪在我身边的也是手机！"

在手机里，她会把心事都传到聊天室中，然后就会有许多网友或朋友给予鼓励，所以手机是怡如唯一能感觉到不孤单、不烦躁的地方。

怡如的上网成瘾类型即为关系上的成瘾，她沉迷于网络上的人际关系与相关活动。一般来说，网络成瘾会有几个症状，第一为"强迫性"，即孩子尽管已经知道要停止使用网络，但还是无法控制自己想上网的冲动；第二为"戒断性"，当自己被限制不能使用网络时，就会出现强烈的身心不适，情绪上包含焦躁与愤怒，生理上包含头痛或肩颈酸痛等症状；第三为"耐受性"，孩子会发现自己需要越来越多的上网时间才能有满足的感觉。

✳ 矛盾的心态

"那你觉得一个甜蜜的家是什么样子呢？"

"甜蜜的家温馨又幸福，爸妈会陪我，不唠叨，知道我的需要，我能感觉到爱，我们会一起去吃饭、一起出去玩，还有一起聊天。"

"所以你希望家人能有多一点的时间陪你？"

"嗯，但这是不可能的，反正我也习惯了。"尽管怡如说着这些话，但她的内心还是盼望着。

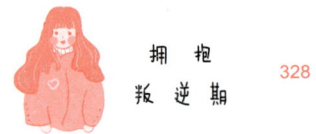
"老师发现你很爱这个家！"

"嗯？"怡如疑惑地看着我。

"因为你对家有一个期待的样子，你很在乎这个家。"

"嗯。"

"但是你陷入了一个很矛盾的状态，你渴望爸妈给自己多一点的陪伴和关心，但你同时也对爸妈冷漠。你很心疼爷爷和奶奶批评妈妈，但你同时也一直指责着妈妈。你爱着爸妈，却又恨着他们。你希望这个家改变，却又想逃离这个家。"听着这些话，怡如的眼眶湿润起来。

"但这对你来说太沉重了，你不需要给自己这么大的压力。"我站起来，拍拍孩子的背。

我让孩子知道自己是因为很爱这个家，所以才会这么在乎、这么痛苦，在意父母的一举一动，甚至是父母的所有情绪。但因为自己无力改变，无力改善这个家，改善爸爸的冷漠，改善爷爷、奶奶与妈妈的关系，所以怡如只好反过来气他们，也气自己。

✻　表达"我爱你"其实并不难

在怡如觉察到自己对这个家的爱与期待，对原生家庭有了新的理解后，在后面的几次晤谈中，我也开始邀请孩子尝试与她的父母展开新的对话和互动模式，就算只是一点点的不一样，都有机会让这个家开始改变。既然心中已经有一个"甜蜜的家"的样子，那就开始创造吧。

我们决定写一张卡片送给她的父母，在讨论的过程中，我鼓励怡如在卡片中向父母说出自己对家的期待，也让父母知道自己想要更多的陪伴与关心。而令我意外的是，她很认真地将整张卡片写满，在卡片的最后还填上了"我爱你"三个字。

"怡如，'我爱你'这三个字，你是第一次向爸妈说的吗？"

"嗯。"怡如显得有点害羞。

"我想他们收到一定会很开心。"

"希望会……"

"对你来说，其实要说出'我爱你'这三个字并不难，难的是之前的你常常搞不清楚自己对家的感受及想法。你在感到丢脸的背后，其实是因为难过与愤怒，难过他们没有看见自己，没有时间陪伴自己。感到愤怒的背后，其实是因为在乎和

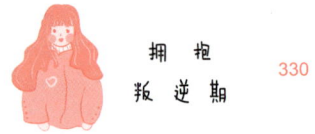

担心，在乎也担心妈妈被爷爷奶奶指责的心情。"

如果等不到改变，那就由我们自己创造吧，我们都无法选择自己的原生家庭，但我们可以选择用什么样的方式或心态来面对原生家庭。当我带着怡如去重新觉察自己对家的感受后，孩子的内心也就能腾出更多空间，以不同的角度重新看待这个家，并做出新的改变。父母不懂自己的需求，那就主动告诉他们；父母没有时间陪伴自己，那就邀请他们一起坐下来吃顿饭。这些小小的举动，都可以为这个家升温，让家更贴近我们心中所期待的样子。

对怡如来说，她沉迷的不是网络中的游戏或戏剧，而是网络中的归属感与安全感；对怡如来说，那些抓狂的情绪，不是因为讨厌妈妈，而是因为太爱、太在乎妈妈了；对怡如来说，不是对自己的家庭感到丢脸，而是心中有一个更想要的"甜蜜的家"。

C· 给家长的陪伴叮咛

网络关系的成瘾。网络成瘾根据内容可分为不同的类型，而关系上的成瘾，主要是沉迷于网络上的人际关系与一切活动。网络成瘾通常会有几个症状，第一为"强迫性"，尽管孩子已经知道要停止使用网络，但还是无法控制自己想上网的冲动；第二为"戒断性"，当自己被限制不能使用网络时，就会出现强烈的身心不适，情绪上包含焦躁与愤怒，生理上包含头痛或肩颈酸痛等症状；第三为"耐受性"，孩子会发现自己需要越来越多的上网时间才能有满足的感觉。

说出"我爱你"其实并不难。要孩子说出"我爱你"三个字其实并不难，难的是我们需要陪孩子去找出心中最在乎的地方，包含对家庭的感受、对家庭的想法及期待，孩子心中的"甜蜜的家庭"是什么样子。当孩子重新觉察自己对家的感受后，孩子的内心也就能腾出更多空间，以不同的角度重新看待这个家，拥有能量主动地去做出新的改变。

可以喜欢老师吗?

若孩子从父母那里不能获得足够的爱，
有可能会移情到关心自己的老师身上

孩子被爱、被关注的需求若无法被满足，

他们会找其他方式填补，

对老师产生移情的状况也可能会发生。

需要带着孩子认识自己的情感，

并回到家庭关系脉络中，寻找那份失落的爱。

"老师你下课要做什么啊？"

"你住哪里啊？"

"你喜欢喝什么？"

晤谈结束后，志鸿特别不想回到班上，不断问我下课要做什么，待会儿上课要干什么，这让我觉得非常奇怪，似乎孩子在计划着什么事。

每周三的下午都是我们的固定晤谈时间，志鸿一开始会转介到我这边是因为偏差行为。他在学校不断出现违规事件，例如：偷带手机到校、躲在厕所里偷偷抽烟等，平常假日偶尔也会参与庙会活动，在外面的朋友家过夜。

＊　不想离开咨询室的孩子

"老师，我可不可以一直待在咨询室啊？"

"咦？为什么？"

"因为这里很舒服啊，而且我也不想上课。"

志鸿每次到了咨询室就会整个人瘫在沙发上，什么事也不做，就这样懒懒地听我说话。对他来说，来学校只是为了不被通报辍学而已。因为志鸿在学校没什么目标和动力，下课时间

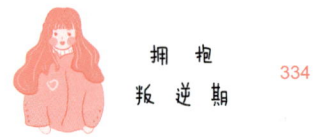

也只是在罚写，跟班上的同学也没有太多的互动。

　　"那你接下来毕业后，有打算做些什么吗？"

　　"我想想，我还不想升学，想直接去工作。"

　　由于再过一两个月就要毕业了，所以我们谈论了有关毕业后的人生方向，志鸿表示有一位远房亲戚是一家工厂的老板，亲戚说志鸿毕业后就可以直接过去工作，所以他不怎么担心未来的生活，反正只要能养活自己就好。就在晤谈快结束的最后几分钟，志鸿突然看着咨询室里的吉他，好奇地拿起来看看。

　　"喔？你想弹看看吗？"

　　"好啊。"

　　"你对吉他有兴趣吗？"

　　"还可以，我觉得弹吉他很帅。"

　　"那你最近有没有在听什么歌呢？"

　　"老师你可以弹一小段给我听吗？我喜欢听《小情歌》。"

　　"好啊，没问题。"

　　于是我演奏了一小段的《小情歌》，并邀请志鸿一起跟着唱，他听着我的歌声，非常陶醉。

　　"老师，我一直很想问你一个问题！"志鸿突然严肃地看着我。

　　"什么问题？"

"……啊，算了，我下周再问你好了。"说完，就一溜烟地跑走了。

✳ 专任辅导老师这样做……

下一周的晤谈时间，志鸿反常地迟到了，一进咨询室就瘫在沙发上，不发一语。

"志鸿，你今天比较晚到咨询室，怎么了？"

"喔，没啊。"志鸿的语气略显烦躁。

"嗯，好吧，那我们继续来讨论上次你要问我的问题。"

"老师，我现在不想谈论这个。"

"喔，那你想谈什么？"

"嗯，我也不知道。"

"好吧，那我们谈谈以后工作上可能会遇到的问题吧。"

✳ 孩子的告白

我带着志鸿一起聊未来的工作，但孩子显然心不在焉，于

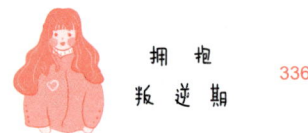
是我又开口问他。

"志鸿，老师发现你今天的心一直不定，你要不要跟我说说在想什么呢？"

"……没什么。"

"其实从上周开始我就一直觉得你好像要跟我说些什么事情。"

"是吗？"

"你想问什么就直接问，不用担心太多，好吗？"

"好。"志鸿突然认真地坐起来，并深呼吸了一口气。

"老师！"

"嗯？"

"你有男朋友吗？"

"嗯？你想问的就是这个？"

"对。"

"为什么想问这个问题呢？"我疑惑地看着志鸿。

"嗯，因为……老师，我喜欢你！"

"咦？你喜欢我？"

"嗯。"

"喜欢我很好啊，很多学生都很喜欢我。"

"不是，我喜欢你，是男女朋友的那种喜欢。"

"男女朋友的那种喜欢？"我愣了一下。

"对，想跟老师交往的那种喜欢。"志鸿用认真又坚定的眼神看着我。

＊　我很珍惜这份信任

突然听到孩子这么直接的告白，让我有点慌乱，于是我跟志鸿的晤谈关系瞬间变得有点尴尬，当下我并没有立即回应，因为我不知道怎么去回应志鸿的这份喜欢。但在晤谈结束后，我不断地回想与反思，这才发现我的不回应可能会在无形中对孩子造成更大的伤害。因为志鸿是鼓起了很大的勇气才向我表白的，但我的逃避与漠视，有可能会使他陷入一种自责或自我否定的情绪当中，于是我很快又找了孩子谈这件事。

"嗨，志鸿，老师想找你谈谈你上次说的喜欢。"

"喔。"志鸿的表情带着些许复杂的情绪。

我认真看着志鸿："志鸿，老师很感谢你对我的喜欢，而且你能面对这份感觉并说出来真的很不容易，我很开心你选择告诉我，也让我们有机会可以一起讨论这份感觉，其实这也是你对老师的一种信任，谢谢你。"我试着正面回应志鸿的

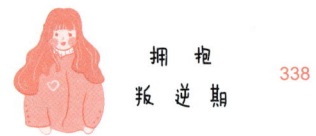
喜欢，并感谢他对我们这段关系的信任。"不过，尽管老师很珍惜你对我的这份喜欢和信任，我们还是会维持一般的师生关系。"

"为什么？"志鸿有点困惑又有点失落。

"因为师生关系才能让我在辅导中处于一个中立又客观的角度，继续陪伴你、协助你成长。"

✳ 咨询中的移情作用

"志鸿，你喜欢老师的哪些特质呢？"

"因为你很温柔啊，会听我说话，关心我，担心我。"

"被关心、被担心的感觉让你很喜欢。"

"嗯。"

"那除了我，在你身边还有没有谁可以给你这样的感觉？"

"可能是我妈吧？"

"嗯？能再多说一点吗？"

"我妈妈跟你一样，温柔、聪明又善解人意。"

"你跟妈妈之间有什么难忘的共同回忆吗？"

"老师，你知道吗？我妈妈以前也会这样听我说话。"

"你多久没跟妈妈见面了？"

"自从我爸妈离婚后，就没有再见过面了。"

"你一定很想念妈妈吧？"由于父母离异的关系，志鸿从小就没有妈妈陪在身边，在我和孩子这段辅导关系中，孩子获得了被倾听、被陪伴的心理需求，因此可能也不小心将我升华为一位母亲的角色或形象，进而对我产生特殊的好感，甚至有迷恋的感觉出现。在咨询辅导中，我们将这样的现象称为"移情作用"。

移情作用最早是由心理学家弗洛伊德提出，指的是个案将其个人需求与欲望转移到咨询师身上的过程。通常是个案将童年时期对重要他人的情感，在咨询的过程中不小心投射在咨询师身上，包含负向与正向的情绪，负向情绪可能是个案憎恨咨询师，正向情绪可能是个案爱慕咨询师等。移情作用很容易出现在咨询关系中，因为咨询师必须与个案建立良好的咨询关系，以协助个案在这段关系中更好地成长，所以在这样的过程中也就很容易不小心让个案对咨询师产生情感的依恋与投射。处理移情作用必须相当谨慎，须避免让个案有被否定或被拒绝的感受，还得将这份移情作用转化为协助个案处理个人内在创伤的问题。

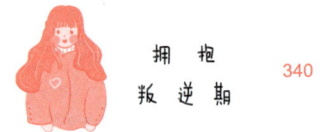

面对志鸿的移情，我带着他一起去探究这份喜欢，让他觉察到这份喜欢背后的需求与渴望。当我们正面去讨论这份喜欢后，我们的辅导关系也就得以延续下去，并恢复到之前的状态，甚至变得更加稳定。志鸿更能深入地去谈论父母离异对自己的影响、想念妈妈的心情，以及自己如何在爸爸和妈妈之间取得一个平衡点，他在与妈妈重新取得联系的过程中，同时也填补了那份不被爱的匮乏。

以马斯洛的需求理论来看，即为"爱与归属的需求"。人们在满足"生理需求"及"安全需求"后，就会想获取更高层次的"爱与归属的需求"，当"爱与归属的需求"被满足后，就会再往上寻求"尊重与肯定的需求"，接着最后来到最高层次的"自我实现"需求。

随着毕业日即将来临，志鸿也必须开始去尝试更多能增加自己成就感与自我肯定的活动，从中去思考自己的人生规划，让自己在未来的人生道路上有更多的选择，发挥自己的潜能，以实现最高层次的理想与目标。

C⋆　给家长的陪伴叮咛

感谢孩子的喜欢与信任。面对孩子的喜欢，不需要否定或忽视，而是认真地回应孩子："谢谢你对我的喜欢，能面对这份感觉并说出来真的很不容易，很开心你选择告诉我，让我们有机会可以一起讨论这份感觉，这是你对我的信任，谢谢你。"接着让孩子明白尽管我很珍惜你的喜欢和信任，但我们还是会维持一般师生关系，因为师生关系才能让我在辅导中处于一个既中立又客观的角度继续陪伴。

咨询中的移情作用。移情作用最早是由心理学家弗洛伊德所提出，指的是个案将其个人需求与欲望转移到咨询师身上的过程，其中包含负向与正向的情绪。处理移情作用必须相当谨慎，须避免让个案有被否定或被拒绝的感受，还需要将这份移情作用转化为协助个案处理个人内在创伤的问题。

马斯洛需求理论。马斯洛提出需求理论来描述人类的成长阶段。当低层次的需求被满足后，人们就会开始往上追求更高层次的需求，马斯洛将需求层次依序分为生理需求、安全需求、爱与归属需求、尊重与肯定需求以及最高层次的自我实现需求。